Portada: Dibujo a tinta y *gouache* sobre papel amate, sin título, 1950, de Carlos Mérida (Guatemala, 1891-México, 1984). Perímetro irregular, aprox. 39,3 x 23,7 cm. Colección del BID, Fondo de Adquisiciones del Centro Cultural, 1994).

Identidades

Esta publicación puede solicitarse a:
Banco Interamericano de Desarrollo
1300 New York Avenue, N.W.
Washington, D.C. 20577
http://www.iadb.org

ISBN:1-886938-18-0
Diseño gráfico: Alejandra Luzardo

Centro Cultural del BID

Identidades

Banco Interamericano de Desarrollo

Un lustro de apoyo institucional a la cultura

1992-1997

El Centro Cultural

El Centro Cultural del BID ha venido a llenar un importante vacío en la capital de Estados Unidos. Con recursos modestos en el contexto de las instituciones museísticas y culturales de Washington, ha forjado un sitial de prestigio y respeto como entidad a la vanguardia de la difusión de la cultura de América Latina y el Caribe.

Contenido

Presentación

En 1992, como parte de la conmemoración del Quinto Centenario del Encuentro entre América y Europa, el Banco Interamericano de Desarrollo inauguró su Centro Cultural, abriendo de par en par las puertas de la institución a las manifestaciones de la cultura. Mediante esta iniciativa, el BID reafirmó su compromiso de vincular la expresión artística con el progreso social y económico.

Desde entonces he visto, con gran satisfacción, la acogida y el impacto que han tenido los programas presentados por el Centro en la vida cultural de Washington y, gradualmente, también en el ámbito cultural de América Latina y el Caribe.

El Banco lleva casi cuatro décadas dedicadas al desarrollo de los países de nuestra región, reflejando en sus políticas una creciente preocupación por temas como el medio ambiente, la equidad social, la juventud, las sociedades indígenas y la mujer en el desarrollo. El arte y la cultura, componentes integrales del desarrollo, no podían permanecer por más tiempo ausentes de la filosofía de una institución como el BID que contribuye, entre otros aspectos de su gestión, a preparar a los países para encarar los desafíos del nuevo milenio.

Al difundir el legado artístico de América Latina y el Caribe, el Centro Cultural ha complementado el rol tradicional del Banco y ha estimulado la comprensión de los diversos factores que afectan los procesos de desarrollo en la sociedad contemporánea.

La labor del Centro Cultural, orientada a una proyección más amplia de la imagen de los países miembros del Banco, ha sido encomiable, permitiendo clarificar la personalidad de los diversos pueblos del continente con miras a lograr un mayor entendimiento y respeto hacia sus manifestaciones artísticas.

A través de su programación en el campo de las artes visuales, ciclos de conferencias y conciertos, y un programa de estímulo y promoción cultural en los países, el Centro Cultural ha entablado un vínculo importante para el Banco con un sector poco tradicional dentro de sus relaciones con la sociedad civil: el intelectual, académico y artístico. El Centro, asimismo, atrae a la sede del Banco a miles de visitantes que asisten a sus diversas presentaciones, las cuales se reflejan regularmente en la prensa tanto local como internacional.

Como presidente del Banco Interamericano de Desarrollo, me siento orgulloso de que nuestra institución cuente con un centro que, en forma sistemática y con un estricto nivel de calidad, realza el riquísimo aporte de la región al patrimonio de la cultura universal. Quiero aprovechar la oportunidad para agradecer al Directorio Ejecutivo del Banco su apoyo a la creación del Centro, así como a todos quienes secundaron tan noble tarea.

Con gran satisfacción presento este libro, el cual es una muestra del empeño que dedica el Banco a alentar las aspiraciones socioculturales de los países. ***Identidades*** es al mismo tiempo testimonio y celebración del primer lustro de existencia del Centro Cultural.

Enrique V. Iglesias
Presidente
Banco Interamericano de Desarrollo

Prefacio

El Centro Cultural fue creado con el fin de proveer un foro desde el cual difundir las manifestaciones intelectuales y artísticas más destacadas del hemisferio. Su inserción dentro de una institución de naturaleza esencialmente financiera como el BID —una vez salvada la natural resistencia que una iniciativa poco usual como ésta pudo suscitar— refleja la madurez y visión con que el Banco reconoce el legítimo sitial que ocupa la cultura en el desarrollo integral de los pueblos.

En estos primeros cinco años de actividades el Centro ha llegado a ocupar una posición destacada entre las instituciones culturales de la capital estadounidense, en buena medida como resultado del alto nivel de exigencia y meticulosidad con que prepara sus presentaciones. Cada programa se rige por pautas muy claras. En el área de las artes visuales, las exposiciones constituyen una aproximación a la identidad cultural de los países representados, o ponen de relieve facetas desconocidas de su desarrollo plástico. Con este planteamiento, el Centro ha forjado un programa original de exposiciones que ha encontrado una positiva y generosa acogida entre el público y la prensa a nivel local e internacional, la que a menudo se hace eco de sus realizaciones.

Además del **Programa de artes visuales,** el Centro organiza una **Serie de conciertos y conferencias**, ha desarrollado un **Programa de estímulo y promoción cultural** en los países miembros del Banco y está copatrocinando otras actividades con beneficios a más largo plazo. Una de ellas es el programa de becas auspiciado por la Fundación

Andrew W. Mellon y el BID, el cual promueve la participacion de académicos y especialistas de América Latina y el Caribe en programas de investigación en el Centro de Estudios Avanzados en Artes Visuales de la Galería Nacional de Arte de Washington, DC.

El Centro está evaluando y ampliando la colección de obras de arte del BID desde el punto de vista artístico e histórico, a fin de formalizar la creación de la **Colección de Arte del Banco Interamericano de Desarrollo.** Una muestra seleccionada de esta colección se está utilizando con fines didácticos en exposiciones itinerantes que ayudan a difundir los valores artísticos del hemisferio.

En el área de proyectos especiales el Centro ha realizado, entre otras actividades, un Festival de Cine Latinoamericano en Israel, con la cooperación de la Cinemateca y Archivo Fílmico de Israel en Jerusalén y la cinemateca de Tel-Aviv, en el marco de la XXXVI Reunión Anual del BID en 1995.

Como Directora del Centro Cultural, deseo agradecer particularmente al equipo de personas que dedicaron su talento y esfuerzo a materializar esta iniciativa. Hoy el Banco ocupa un lugar destacado en el ámbito cultural de la capital de Estados Unidos, como entidad a la vanguardia en la difusión del extraordinario aporte que América Latina y el Caribe han realizado a la civilización universal.

Ana María Coronel de Rodríguez
Directora del Centro Cultural

Escultura Quiteña Siglos XVII y XVIII
17th & 18th Century Sculpture in Quito

El Programa de artes visuales

En el marco del Programa de artes visuales, el personal profesional del Centro investiga y organiza las exposiciones a ser presentadas en su galería de arte. Este enfoque activo por parte de la dirección del Centro es un elemento importante en la definición del carácter institucional del mismo, cuyo programa de arte se ha destacado de otros llevados a cabo por organizaciones similares de Washington. Se han recibido obras en préstamo del Museo de Arte de Costa Rica, el Museo del Oro de Colombia, el Museo del Banco Central del Ecuador, el Museo de Israel, el Museo de Arte Tokio-Fuji en Japón, el Museo Nacional de Bellas Artes de Buenos Aires, el Museo Nacional de Nicaragua y el Museo de Historia de Panamá, entre otros.

A la izquierda, vista de la exposición De tierra y fuego: Cerámica precolombina y contemporánea de Nicaragua; *en el recuadro* Escultura quiteña de los siglos XVII y XVIII. *Abajo,* Panamá de lado a lado: La historia del itsmo vista a través de su arte.

Chile *15 de mayo de 1992*

Con una muestra panorámica de las artes plásticas chilenas del siglo XX se inauguró oficialmente el Centro Cultural del Banco Interamericano de Desarrollo, con la presencia de Patricio Aylwin, Presidente de Chile.

La exposición reunió un selecto grupo de 39 artistas, con una fuerte participación femenina.

Imágenes recuperadas

***Aparición del hombre eléctrico**, óleo sobre tela de Rodolfo Opazo (Chile, 1935), 160 x 140 cm, que formó parte de la exposición* Imágenes recuperadas. *Colección Galería Praxis, Santiago.*

En ocasión de la creación del Centro Cultural del Banco Interamericano de Desarrollo, cuya inauguración coincidiera con la apertura de la exposición de pintura chilena "Imágenes recuperadas", el Presidente del BID , Enrique V. Iglesias, dijo que dicha apertura representaba para el Banco "la culminación de un proyecto largamente anhelado y el punto de partida de una aventura que deseamos fructífera para los artistas de nuestros países miembros". Asimismo, añadió que "con la apertura de este Centro Cultural estamos ayudando a los países a avanzar en su desarrollo económico y social, del cual la expresión cultural es un importante componente". El Presidente Iglesias agregó: "El nuevo Centro será una vitrina permanente, un lugar de reunión y un foro para todos aquellos interesados en la vida intelectual y cultural de América Latina y el Caribe, como también de los países extrarregionales".

La inauguración del Centro Cultural coincidió con la visita que realizara al Banco el presidente de Chile, Patricio Aylwin. En esa ocasión, el presidente Aylwin expresó que "la presencia de Chile en el trabajo de nuestros artistas ofrece testimonio tangible de la compleja visión social que tan acertadamente ha motivado al BID a extender su actividad dentro de la cultura y en particular de las artes, más allá de lo económico y lo financiero".

La exposición recogió tres generaciones de pintores, desde Lily Garafulic (Antofagasta, 1917) y Gracia Barrios (Santiago, 1927) hasta Leo Moya (Santiago, 1964) y Norma Ramírez (Santiago, 1967). Se destacó una fuerte representación femenina, con la presencia de 13 artistas mujeres. También figuraron veteranos como José Balmes, Guillermo Núñez y Rodolfo Opazo, relativamente conocidos internacionalmente, y figuras nuevas como Samy Benmayor.

La exposición fue organizada en cooperación con el Museo de Arte Contemporáneo de la Universidad de Chile, dirigido por Rosario Letelier. El curador invitado en esta ocasión fue Ernesto Muñoz.

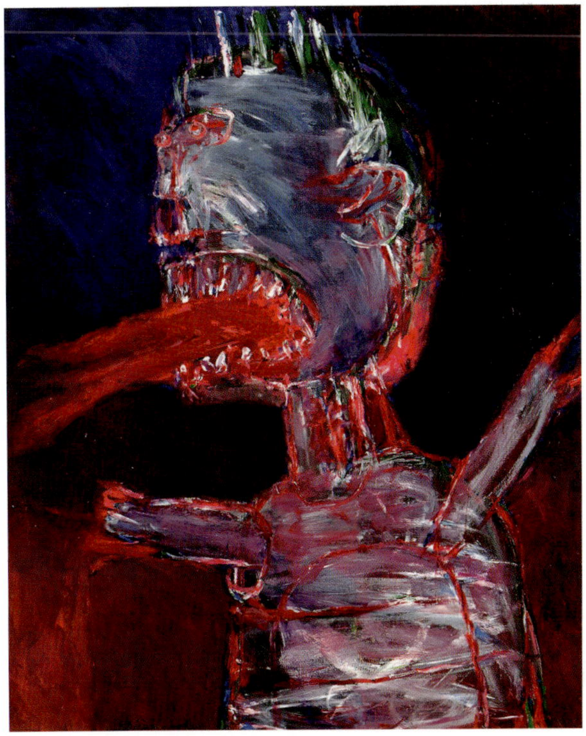

*Arriba, **Gritos**, óleo sobre tela de Guillermo Núñez (Chile, 1930), de 120 x 100 cm. Colección del artista. Abajo, pintura sin título de Sammy Benmayor (Chile, 1956), óleo sobre tela de 165 x 166 cm, propiedad del artista.*

Uruguay *10 de septiembre a 30 de octubre de 1992*

La segunda exposición del Centro Cultural agrupó 22 obras de cinco artistas uruguayos contemporáneos de tendencia constructiva.

En un artículo publicado en Art Nexus International *(Nº 8), Félix Angel comentó que "las esculturas de Wifredo Díaz Valdéz se destacaron en el conjunto predominantemente bidimensional, no solo por la rotunda presencia física sino por la poderosa combinación de su carga plástica y poética, en medio de una austeridad dictada por el esquema estructuralista".*

Los artistas seleccionados fueron Miguel Battegazzore, Jorge Damiani, Wifredo Díaz Valdéz, Clever Lara y Nelson Ramos. Angel Kalemberg, director del Museo de Artes Visuales de Montevideo, actuó en calidad de curador invitado y de él es un extracto del texto que se reproduce a continuación.

Vertientes: el magisterio de Torres García

Taxonomía II *(1992), de Miguel Battegazzore, óleo sobre tela de 110 x 90 cm.*

¿Finis terrae o terra nova?

¿Por qué se mantiene vigoroso el magisterio de Torres García, a cuarenta y tres años de su deceso y veintinueve años después de la clausura del Taller? Acaso debido al sentido colectivo que le había impreso el maestro y al disponer de la energía que otorgan una doctrina, una metafísica, una ética. En cambio, el otro movimiento orgánico de América Latina, el muralismo mexicano, al estar fundado en la creatividad individual, fue desapareciendo con la muerte de cada uno de sus artistas.

El magisterio de Torres García rebasó, incluso, las fronteras de su propio Taller. Tanto que su impronta sigue patente en el arte uruguayo de hoy.

Torres García fue algo así como un manantial que ha alimentado —y aún continúa alimentando— una pluralidad de vertientes.

Una, subterránea. Torres García valoraba tanto el arte popular que incorporó materiales locales en su obra. ¿Por qué otros —Paul Klee, Henry Moore— pudieron colonizar imágenes que son nuestras y hasta Torres García no pudimos nosotros?

Por citar un ejemplo, en Pucará, desde la prehistoria americana, los indígenas peruanos incrustaban en los surcos abiertos en la tierra toritos de cerámica (los famosos toritos de Pucará) para de este modo estimular su fecundidad. Es el caso de Miguel A. Battegazzore, quien incluye una iglesita, un torito de Pucará o una llama de madera tallada por los pastores indígenas, asumiendo la iconografía autóctona de este continente. Cuando Jorge Damiani incluye puntas de flecha, rebenques, morteros o boleadoras, está asumiendo y develando íconos, pero de los orígenes uruguayos.

Una segunda, desrealizadora. Esta vertiente vincula las esculturas actuales de Wifredo Díaz Valdéz con los juguetes transformables de Torres García, esas formas de madera policromada que el espectador compone, descompone y recompone. Díaz Valdéz desconstruye objetos encontrados, ya desvinculados de su función social (un tablón de encofrado, el postigo compañero de una ignota ventana, la puerta cancel de un viejo zaguán, una guitarra salida del ropero), los serrucha, los articula, los abre, mostrando simultáneamente todas sus facetas, incluidos el adentro y el afuera.

Una tercera, el pobrismo, caracterizado por el empleo de materiales y objetos en desuso (Díaz Valdéz) o de bajo costo (Nelson Ramos). Entre nosotros todavía sobrevive la valoración de lo manual, lo artesanal, lo noble. En un mundo que privilegia lo mecánico, somos artefactores. Desde 1989 Nelson Ramos crea cajas que contienen escenas vinculadas a la Conquista (tal como se la ve desde América del Sur, ahora que cumple quinientos años).

Una cuarta, el estructuralismo, saca los símbolos de sus alvéolos, volcándolos afuera, o los coloca precariamente en uno cualquiera, pues ahora resultan intercambiables.

Jorge Damiani, hacia 1974, comenzó a pintar una serie de lienzos compuestos sobre la base de estructuras ortogonales, que definen una variedad de cubículos, de perspectiva incongruente, habitados por objetos de origen y destino tectónico, como huesos, calaveras trepanadas, fragmentos humanos —un pie— o ruinas. Es decir, objetos pertenecientes a la herencia clásica (por ahí encontramos otro punto de coincidencia con el Taller Torres García y, notoriamente, con Gonzalo Fonseca).

Una quinta vertiente, un postnaturalismo. Que, en el caso de Clever Lara, llega como naturalismo desde Velázquez, vía maestros provenientes del Taller Torres García (Edgardo Ribeiro, en particular). Los cuadros de Velázquez planteaban a la pintura lo que la instantánea a la fotografía: una mirada distante, objetivadora, que no procura transmitir contenidos trascendentes.

Battegazzore, Damiani, Díaz Valdéz, Lara, Ramos. Cinco nombres que forman parte del panorama artístico uruguayo actual, panorama cuya historia es poco más que centenaria. Cinco artistas que, nutriéndose en el fecundo y poderoso magisterio de Torres García, desarrollaron algunas de las vertientes que emergían de su matriz pedagógica. Cinco artistas uruguayos que devuelven al centro, pero modificados, personalizados, superados mediante el recurso a las potencialidades y valores idiosincráticos, los modelos que, desde hace ya quinientos años, comenzaron a imponernos.

Perú *10 de noviembre de 1992 a 12 de febrero de 1993*

Durante la temporada de invierno 1992-1993 se expusieron sesenta y cuatro piezas de plata de uso religioso y doméstico de los siglos XVIII y XIX, realizadas por plateros del antiguo virreinato del Perú.

Las piezas provinieron de las colecciones Pedro de Osma y Barbosa-Stern, ambas de Lima. El Director del Museo Pedro de Osma, Pedro Juranovic, es el autor del comentario que se reproduce a continuación.

En la primera reseña dedicada a una exposición del Centro, The Washington Post *calificó la selección en su edición del 4 de diciembre de "magnífica", a pesar de su "aire melancólico".*

Plata del Perú: *esplendor de una leyenda*

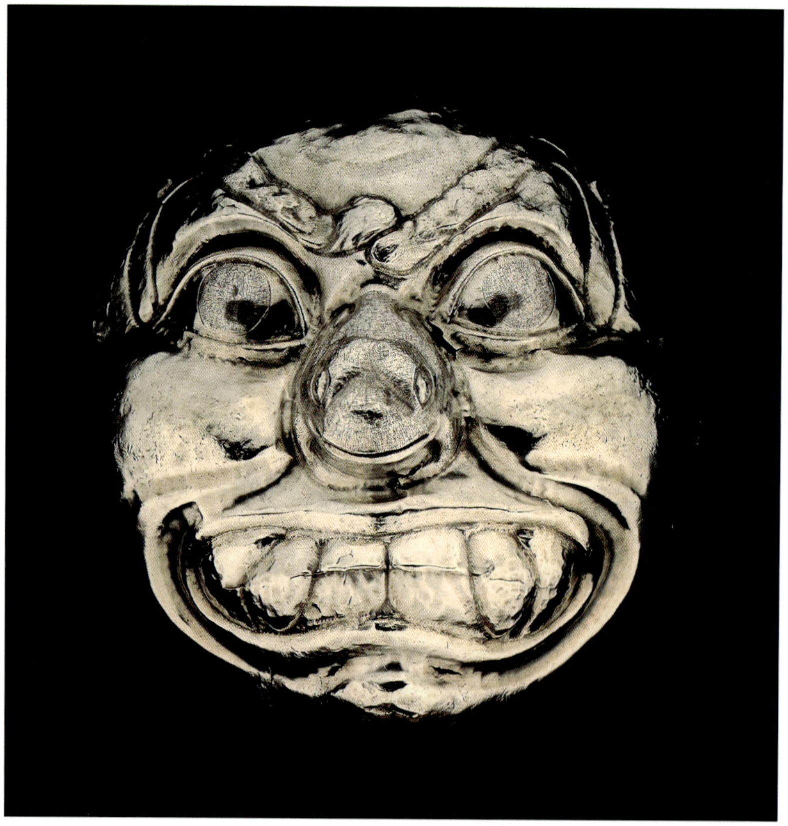

***Máscara** peruana de plata repujada, del siglo XVIII, con nariz de rana, ojos de gato y boca mostrando los dientes, utilizada en celebraciones pagano-religiosas. Colección del Museo Pedro de Osma, Lima.*

Entre los siglos XVI y XIX el Perú se transformó en un importante centro de artesanías de plata, como lo demuestran las piezas de arte que han sobrevivido hasta nuestros días. Los cronistas de la época nos han legado valiosos documentos que detallan la riqueza del Perú en metales preciosos. Durante el virreinato los objetos litúrgicos de plata abundaban en templos y procesiones, mientras que —se dice— las calles donde acostumbraban pasar el virrey y su séquito estaban revestidas con lingotes de plata. Seguramente estas historias, ya legendarias, dieron lugar a la expresión comúnmente usada "vale un Perú".

Al reconocer la belleza artística que exhibían las piezas de plata del Nuevo Mundo, el pintor alemán Alberto Durero (1471-1528) observó:

"Nunca he visto en mi vida algo que tanto me agradase como esas cosas. Pues vi entre ellas objetos artísticos sorprendentes y me quedé maravillado con la hábil ingenuidad de los hombres de esas tierras distantes."

El navegante español Antonio de Ulloa, quien visitó Lima en el siglo XVIII, escribió: "Las joyas que fueron entregadas como regalos son todas labradas en plata y poseen una significación excepcional, no sólo por su valor intrínseco, sino también por sus formas encantadoras que alcanzan proporciones exquisitas".

La minería se convirtió en la mayor actividad productora de riqueza en el período virreinal. Los principales centros mineros fueron Potosí y Porco, seguidos de Ica, Nazca, Carabaya, Cuzco, Puno, Cajamarca, Celendín, Cajabamba, Contumazá, Cerro de Pasco, Castrovirreina y Huancavelica. Durante el período, la producción minera anual promedio del Perú ha sido estimada en 3.450 marcos de oro y 570.000 marcos de plata, siendo un marco equivalente a 230 gramos.

A raíz de esta abundancia, en las ciudades de Lima y Cuzco —principales centros de platería— y también en Ayacucho, Trujillo y Arequipa se establecieron gran cantidad de plateros, quienes en 1549 se organizaron en gremios o cofradías bajo la advocación de San Eloy y por decisión de los cabildos o concejos municipales. Los plateros alcanzaron una buena posición social y económica y, en consecuencia, participaron en una amplia gama de actividades públicas.

La importancia que adquirieron tanto la plata

Tupu de plata *(alfiler ornamental para sujetar chales y rebozos), pieza colonial de uso corriente en el Virreinato del Perú, con imágenes del sol, la luna y pendientes variados. Siglo XIX. Colección del Museo Pedro de Osma, Lima.*

como la platería llevó a las autoridades a dictar una serie de ordenanzas destinadas a reglamentar el oficio. Para un mejor control del cumplimiento de las normas sobre el quintar y la marcación de la plata, se ubicó a estos artesanos y artistas en ciertas zonas de la ciudad, surgiendo así la "Calle de los Plateros". El lugar original del gremio de los plateros fue la Iglesia Nuestra Señora de la Merced, cuya decoración les fue encargada.

La Iglesia era el cliente principal de los plateros, quienes con destreza magistral labraban sagrarios, lámparas y candelabros, además de otros objetos utilizados en la liturgia, como cálices, copones, crucifijos, incensarios, navetas y vinajeras. También se hacían de plata las coronas, aureolas y diademas para las figuras religiosas y los atributos de los santos, como la azucena de San José.

El arte de decorar el frente del altar alcanzó un nivel de desarrollo y complejidad particularmente alto, con trabajos de repujado y cincelado que revelan los acentos claroscuristas del barroco. En los atriles que sostienen el misal se aprecian labras de plata similares.

Otros objetos preciosos utilizados en las iglesias incluían botellas para óleos consagrados, crismeras, limosneros, relicarios y tazas bautismales. El cáliz, que alcanzó formas de gran belleza, se caracterizaba por tener una base extendida y un astil en balaustre con discos de distinto estrechamiento y a diversa altura. La copa campaniforme casi siempre muestra un aro saliente en su tercio inferior, que en algunos casos puede estar decorado. Esta forma se extendió a los candeleros, que recibieron, en la parte superior, la añadidura de portavelas, como en los del Museo Pedro de Osma.

Entre los objetos de uso religioso, es posible que la habilidad para trabajar los metales preciosos existentes en el Perú se aprecie mejor en las imponentes custodias utilizadas para la veneración pública del Sagrado Sacramento. En la exposición se presentó una custodia del siglo XVIII perteneciente a la colección Barbosa-Stern. La pieza está dispuesta sobre cuatro patas en forma de garras con hojas de acanto y una base decorada con hojas talladas y volutas. El cuerpo también tiene hojas de acanto y volutas abiertas a lo largo de los costados. En la cúspide hay una cabeza de un querubín sosteniendo un sol.

En los hogares peruanos, como en las iglesias, abundaban las piezas de plata. El corsario francés Raveneau de Lussan escribió: "Es tanta la abundancia de este rico metal (la plata) que la mayor parte de las cosas que nosotros hacemos en Francia de acero, cobre o hierro se hacen aquí de plata". Los servicios de mesa de muchas de las casas peruanas estaban hechos totalmente de plata, incluidos los platos, cucharas, tenedores, salseras, vinagreras, bandejas y azucareras.

La plata también era utilizada en el mobiliario, en marcos para pinturas y en espejos, así como en una gran variedad de artículos personales como palanganas,

Arriba, azucarera, del siglo XIX; abajo, recipiente con candado y llave del siglo XVIII, ambos de plata repujada y cincelada, de la colección Barbosa Stern, de Lima.

jarras y escupideras. En las zonas rurales era común encontrar cuchillos, espuelas y estribos de plata labrada. Los estribos tipo sandalia, trabajados en plata repujada, fundida y cincelada, son de particular interés. Tienen abundante ornamentación de vistosos elementos decorativos, normalmente situados en los bordes, como flores, frutas y figuras de animales, especialmente serpientes.

Entre los artículos de plata de uso personal estaban los *tupus*, voz quechua que denomina a un tipo de alfileres ornamentales para chales. Los *tupus* se fabricaban en diferentes formas y tamaños, algunos con incrustaciones de piedras semipreciosas.

Los objetos de filigrana van de lo personal a lo decorativo. Los ejemplos más comunes eran los sahumadores y las canastillas para flores. Durante el siglo XVIII y principios del XIX, los sahumadores a menudo eran producidos por los plateros y se habían generalizado lo suficiente como para ser representados en ilustraciones de viajes. Los sahumadores se usaban en las procesiones y en los hogares. Constan de dos secciones: el recipiente y la salvilla, y aparecen cubiertos por una espléndida decoración que puede ser de hojas y flores repujadas y cinceladas. Su tapa es articulada y las agarraderas suelen representar frutas o figuras de ave.

También eran características las canastillas de flores labradas de plata, las cuales adornaban los hogares y se llevaban en las procesiones para arrojar flores. Asimismo, estas canastillas pudieron haber estado colocadas en ciertas esculturas religiosas, como la de la Virgen de la Candelaria con el Niño, que se puede observar en pinturas de la época.

Muchas tradiciones han persistido en el Perú hasta el presente por medio de la plata, tanto en el ámbito religioso como en los hogares y en las expresiones populares. Vista desde un ángulo puramente económico, ahora la plata no representa para el país un renglón tan importante como pudo serlo durante la época colonial. Desde una perspectiva artística, sin embargo, el uso de este metal —al igual que la práctica de otras expresiones enraizadas en tradiciones milenarias como la cerámica— da continuidad a un proceso cultural que, aunque alterado en su desarrollo, se ha enriquecido indiscutiblemente.

***Imagen de la Virgen con los dos San Pedros**, con marco de plata repujada, siglo XVIII. Colección del Museo Pedro de Osma, Lima.*

Costa Rica 10 de junio a 6 de agosto de 1993

Diecinueve obras de pintura y escultura, representativas de la producción artística en Costa Rica de fines del siglo XIX y principios del siglo XX, permitieron visualizar en contexto el desarrollo del país y su consolidación como república con los cambios de carácter, los aspectos socioeconómicos, la modificación de la sensibilidad y el contenido de la expresión artística en la sociedad costarricense de la época.

Las obras provinieron de varias colecciones estatales y privadas de San José, entre ellas la colección del Museo de Arte Costarricense y el Banco Central de Costa Rica.

Además del curador del Centro Cultural del BID, Félix Angel, los profesores costarricenses Guillermo Montero y Efraim Hernández actuaron como curadores asistentes. Del último es el texto que se reproduce en forma resumida a continuación.

Pasaje hacia el modernismo:
pintura y escultura costarricenses 1864 - 1959

Casa campesina con tranquera *(1950), de Fausto Pacheco (Costa Rica 1899-1966), óleo sobre tela de 30,5 x 38 cm, propiedad del Fondo del Seguro Social de Costa Rica, San José.*

Las postrimerías del siglo pasado y la primera mitad del presente conforman un período definitivo tanto en la historia como en el arte de Costa Rica.

Dado el papel marginal de Costa Rica durante la colonia, el legado artístico de esa época es escaso y se ciñe principalmente a la esfera religiosa. Recién en el siglo XIX, a raíz del cambio económico que provocó el cultivo de café y banano, el interés por las artes comenzó a diseminarse de manera creciente entre las clases sociales más prósperas.

Los retratos de Juan Mora González se sitúan en una zona limítrofe entre la nueva visión positivista del mundo y la herencia colonial. En su obra se aprecian las técnicas coloniales de escultura en madera policromada, típicas de la imaginería, así como el nuevo interés por el retrato y el individualismo propios de la cosmovisión del grupo agroexportador incipiente.

El modelo económico y social del siglo XIX proclamaba las virtudes de la gente de campo como definidoras del "carácter nacional". Tal paradigma moral del campesino digno y esforzado surgió al amparo del naciente Estado moderno, particularmente en la literatura, como un símbolo del ser costarricense. Esta imagen enaltecida y realista, alejada de la idealización propia del retrato oficial, se hace patente en obras como *Retrato de Jacinta Morales de Carrillo* (1864), de Aquiles Bigot.

En 1897 el desarrollo cultural del siglo llegó a su cumbre con la edificación del Teatro Nacional y la fundación de la Escuela de Bellas Artes, inaugurándose de este modo una nueva época para la expresión artística del país que sería influenciada por el academicismo europeo.

El realismo presente en trabajos anteriores contrasta con el sentido idealizante de obras como *Alegoría del café y del banano* (1897), de Aleardo Villa, la cual engalana el Teatro Nacional. *El trapiche*, de Tomás Povedano, primer director de la Escuela de Bellas Artes, es una pintura de género que ejemplifica esa concepción un tanto romántica de la vida campesina, a la que considera paradigma de la vida nacional: austera, sencilla, tranquila y provinciana. Este mismo espíritu se encuentra en *Paisaje de Turrialba*, del científico y artista Emilio Span, donde se configura la idea positivista del progreso y la naturaleza dominada gracias al denuedo y la resolución del colono.

Estas obras de tono bucólico y pacífico se contraponen al espíritu refinado y elegante del arte asociado a la capital, como es el caso de *Héroes de la miseria* (1908), de Juan Ramón Bonilla. Esta escultura idealiza a sus personajes y se regocija en la sensación de superficie tan cara a las creaciones europeizantes de academia.

Aun con rasgos del realismo y tímidos acercamientos a actitudes impresionistas, el arte costarricense permaneció ligado a la estética academicista hasta el final de los años veinte. A partir de entonces, la confluencia de diversas actitudes, ideas y circunstancias alentaron el surgimiento de una nueva estética, contraria a las enseñanzas de la academia, con la cual el país inició un giro en sus manifestaciones artísticas.

Esta nueva actitud encuentra su expresión cabal en la obra de artistas como Francisco Amighetti, Francisco Zúñiga, Juan Manuel Sánchez y Teodorico Quirós. Imbuidos de una estética que resalta valores plásticos consagrados por el postimpresionismo, estos artistas desafiaron los preceptos tradicionales resguardados en los claustros de Bellas Artes.

Obras como *Maternidad*, de Francisco Zúñiga (1935), atestiguan esa amalgama que incorpora a la escultura costarricense la influencia precolombina y los conceptos vanguardistas de principios de siglo, aunando de este modo manifestaciones artísticas remotas en el tiempo pero cercanas en sus principios plásticos. El controvertido debate que generó este trabajo de Zúñiga probaba la resistencia de los tradicionalistas a aceptar propuestas más acordes con las últimas corrientes del arte europeo. Tal oposición, sin embargo, no impidió que la nueva escuela evolucionara impulsada por minoritarios pero decididos grupos de avanzada.

Esta convergencia de estilos prehispánicos y vanguardistas se observa asimismo en la escultura de Juan Manuel Sánchez. Está presente en su animalística y también en las imágenes de Berta, su amada esposa y musa. La producción escultórica de Sánchez constituye un hito en la evolución de este arte en el país: una escultura consciente de su pasado indígena y de las vanguardias internacionales, conformada por temas bien locales y a la vez de carácter universal. Un detalle técnico como lo es la talla directa en piedras nacionales ejemplifica ese retorno a las fuentes del arte precolombino.

Es necesario destacar la importancia de las artes gráficas en este momento histórico de Costa Rica, por el efecto que tuvieron en la cimentación de lenguajes plásticos modernos en el país. En los dibujos de Zúñiga, Amighetti y Sánchez puede apreciarse la fusión de rasgos del *art nouveau*, de la obra de Picasso, Matisse y Modigliani. Un amigo personal de algunos de estos maestros, el pintor, escultor y literato Max Jiménez, desempeñó un papel clave familiarizando a los artistas costarricenses con las escuelas contemporáneas de Europa.

El movimiento artístico mexicano ejerció una influencia fácil de identificar en la plástica costarricense, en estilo y contenido. En las realizaciones de Amighetti, Sánchez y Zúñiga se observa una clara influencia del arte mexicano, en especial de la obra de Rivera. Es notable la afinidad que existe entre los protagonistas cobrizos de la pintura de Rivera y de obras como *Niña con trenzas* (1935) de Zúñiga y *Niña de Panchimalco* (1942) de Amighetti. Este contenido social, que exalta lo indígena y los valores del trabajador humilde, va un paso más allá de la imagen del campesino que se muestra en la pintura del período anterior, donde el protagonismo de este tipo de personajes está más ligado a una escena o actividad y no se destaca por sí mismo como elemento central del discurso pictórico.

Paralelamente a esta postura ante el pueblo, en la plástica nacional surge el paisaje como un contundente vehículo de identificación de la cultura local con el terruño y con el sistema de pequeños propietarios que singularizó un período del desarrollo económico del país. La idealización de la paz y la justicia social estaba representada en un paisaje bucólico, metáfora del ser nacional, basado en un modelo paradisíaco que en la realidad se estaba desgastando.

En la pintura paisajística, la obra de Teodorico Quirós es fundamental. Quirós regresó a Costa Rica a fines de los años veinte procedente de Estados Unidos, donde había cursado la carrera de arquitectura. Cansado del modelo académico, se inscribe en un movimiento orientado a procurar nuevas expresiones artísticas, adquiriendo renombre en razón del interés y el entusiasmo que supo transmitir a otros pintores por el trabajo al aire libre y por el contacto directo con los motivos locales, tales como el paisaje y la arquitectura de las villas indígenas.

Sin duda, en Quirós influyeron su formación como arquitecto y el redescubrimiento de la luz local tras años en el exterior. El paisaje de este artista, de pincelada espesa y rico colorido, manifiesta la observación detallada y meticulosa del fenómeno lumínico y atmosférico que traduce en una visión plástica, recreando la naturaleza en obras de intensa belleza formal. Fue Quirós quien revivió la casa de adobe de origen colonial, considerándola un icono de identidad cultural que era necesario salvaguardar frente a la creciente modernización del país.

Otro importante artista del paisaje fue Fausto Pacheco (*Casa campesina con tranquera*, 1950), quien llegó a edificar en la plástica costarricense un paradigma de la pintura que alude a connotaciones ideológicas sobre el campesino. En su silente placidez, el paisaje de este artista evoca una edad dorada más cercana a la leyenda que a la realidad social que vive el país. Esta versión idílica de nuestra historia tiene ante sí una problemática social creciente, compartida por muchos otros países. La situación ha cambiado de manera tal que es imposible identificar lo actual con una utopía plástica bucólica y apacible, más aún cuando la literatura costarricense venía denunciando los problemas sociales con una actitud crítica realista, muy alejada de la perspectiva idealizante.

No obstante los intentos de implantar en la plástica local los lenguajes antiacadémicos propios del siglo XX, en algunos artistas aún persiste una actitud tradicional inclinada hacia los cánones de la academia. *Campesinas* (1952), de Gonzalo Morales Alvarado, exhala reminiscencias renacentistas: la piel pálida, las formas redondas y plácidas como los cántaros, y cierta inocencia ideal que reúne ambiente y personajes, ambos suspendidos en un tiempo sin tiempo. La dulce y apacible espera manifiesta en *Gravidez* (hacia 1960), de Juan Rafael Chacón, también refleja ese acercamiento al arte académico. Aunque la obra presenta elementos de diseño y acabado que pueden entenderse como modernos, la idea dominante es la clásica actitud enseñada en las academias de origen francés.

Este enfoque conservador del arte costarricense convivió con manifestaciones de distinta orientación plástica, contrastando además con el acelerado proceso de modernización que vivió el país después de las acciones bélicas de 1948. Diferentes grupos políticos y sociales tenían ahora oportunidad de dirigir el país, dejando atrás a la llamada oligarquía cafetalera y olvidando una cosmovisión que había definido la cultura nacional durante la primera mitad del siglo.

Los años representados en esta exposición ilustran dos actitudes: una que toma el papel de la tradición en la estética academicista y otra que la combate, fundamentada en una posición que podría denominarse postimpresionista, en una revalorización de las artes americanas precoloniales y en los primeros "ismos" que surgieron al alborear el siglo XX. Los forcejeos y logros artísticos que ocurrieron durante el período no sólo cambiaron el arte de Costa Rica, sino que además contribuyeron a formar una nueva visión de la identidad nacional.

*Con el **Paisaje de Turrialba** (c. 1912), óleo sobre cartón de 34 x 47 cm, Emilio Span (1869-1944) contribuyó a establecer la tradición paisajística en Costa Rica. Colección del Banco Central de Costa Rica.*

Vista general de la exposición. En el recuadro, el Presidente del BID, Enrique V. Iglesias, saluda al Vicepresidente de Costa Rica, Arnoldo López Echandi.

España *25 de agosto a 30 de septiembre de 1993*

Los cien grabados que Picasso ejecutara entre 1930 y 1936 por encargo del marchante francés Ambroise Vollard, conocidos como la Suite Vollard, se expusieron por primera vez en Washington en su totalidad, cedidos por su propietario, el Instituto de Crédito Oficial de España. Para esta presentación, el curador Félix Angel y la Directora del Centro, Ana María Coronel de Rodríguez, sin apartarse totalmente de la interpretación temática tradicional, reinterpretaron el contenido de la Suite.

La Gazeta Mercantil *de Río de Janeiro y* El Comercio *de Quito recogieron la nota de la Agencia EFE, que calificó la muestra de "espléndidamente montada sobre paredes gris oscuro que hacen destacar el blanco de los grabados...sin respetar el número de la serie ni la fecha de realización, basándose para ello en que el famoso artista malagueño volvía, con el tiempo, a hacer nuevas interpretaciones de los temas".*

Picasso: Suite Vollard

*Escultor, modelo y cabeza esculpida, aguafuerte de Picasso perteneciente a la **Suite Vollard**, 44,5 x 34 cm.*

La "Suite Vollard", considerada como una de las obras más importantes en la historia del grabado, fue realizada por el artista malagueño Pablo Picasso (1881-1973) entre septiembre de 1930 y junio de 1936, un período considerado por el propio Picasso como el más denso de su vida. A los noventa y siete grabados que componían la obra originalmente, se añadieron en 1937 tres retratos del marchante francés Ambroise Vollard. La presente colección de cien piezas es la única completa que existe en España y pertenece al Instituto de Crédito Oficial, que la adquirió en 1991.

Dejando aparte los tres retratos de Vollard, las estampas de la "Suite" pueden agruparse en cuatro temas: "El taller del escultor", "El minotauro", "Rembrandt" y "La batalla del amor".

Grabado de la ***Suite Vollard*** *que anticipa a* ***Guernica****, el famoso mural realizado por Picasso en 1937 por encargo del gobierno republicano español.*

El taller del escultor

De los cien grabados que componen la "Suite", cuarenta y seis están dedicados a "El taller del escultor". Cuarenta de ellos fueron realizados en solo tres meses, entre marzo y mayo de 1933. Estas estampas sobre el mundo de la creación, las tensiones entre el modelo y la obra tienen, además, un interés añadido: son consecuencia de la obra escultórica desarrollada por Picasso a finales de los años veinte y principios de los treinta.

El minotauro

La fascinación de Picasso con el minotauro y otras imágenes de la mitología como el centauro y el fauno, si bien tiene que ver con ciertas fantasías favorecidas por el surrealismo (de aquí el nombre de la revista *Minotaure*, por ejemplo), debe interpretarse más bien como un elemento metáforico que Picasso hace de sí mismo para expresar sus conflictos amorosos, sublimar la visión de sí mismo como amante y crear un repertorio alusivo a estados de ánimo.

La batalla del amor

La vida personal de Picasso estuvo siempre reflejada en su trabajo de una u otra forma. Debe decirse que, en algunos casos, las variaciones de su vida romántica tuvieron un notable impacto en las diferentes etapas artísticas e influyeron temáticamente en su producción. Un ejemplo lo constituye la serie de retratos de Jacqueline, su última esposa, a quien conoció en 1953 y retrató ininterrumpidamente hasta 1971.

Rembrandt

Siendo esta serie de grabados el trabajo más importante realizado en esta técnica por Picasso hasta ese momento de su carrera, resulta lógico pensar que, con la serie ya casi en sus tres cuartas partes concluida, rindiera un homenaje al maestro holandés cuya obra le sirviera de ejemplo e inspiración para involucrar sus propios temas.

Los grabados de la Suite se caracterizan en su mayoría por su riqueza lineal. Sin embargo, el claroscuro especial de algunas de las obras, unido a ciertos detalles como tocados y elementos de vestuario, evoca el talento y genio de Rembrandt.

Los retratos de Vollard

Al grupo original de noventa y siete grabados completados en 1936, Picasso añadió en 1937, por petición directa de Ambroise Vollard, tres retratos del marchante, quien aparentemente había comisionado la "Suite" desde un comienzo, razón por la cual esta obra lleva su nombre.

Colombia *18 de octubre a 23 de diciembre de 1993*

En el Centro Cultural del BID, y por primera vez en Washington, se presentó una exposición del oro colombiano prehispánico. La selección reunió 150 objetos provenientes de la colección del Museo del Oro del Banco de la República de Colombia, en Santafé de Bogotá, que representaban siete de las diez culturas aborígenes que poblaron el territorio de Colombia.

The Washington Post *comentó en su edición del 22 de octubre que los objetos "imaginativos y exquisitos dan fe de la riqueza y sofisticación de las culturas que los crearon". El diario* El Caribe *de Santo Domingo publicó el artículo traducido al español el 6 de noviembre, y la revista* Hombre Internacional *dedicó a la muestra dos páginas enteras en color.*

A continuación se da un resumen del catalogo con texto del museo del oro.

Colombia: *tierra de El Dorado*

***Pectoral antropozoomorfo de la cultura Tolima**, de 11 x 18,8 cm. Colección del Museo del Oro, Banco de la República, Colombia.*

Ceremonia de El Dorado

La leyenda de El Dorado sedujo a los conquistadores tentados por las míticas ciudades de oro. Las expediciones de Cortés, Pizarro y De Soto estuvieron guiadas por esta sed de oro. La leyenda de El Dorado creció a partir de los relatos españoles sobre la riqueza de los reinos muiscas, donde el oro era un símbolo de prestigio y autoridad. Los caciques muiscas, durante las ceremonias de su investidura, arrojaban objetos de oro y se sumergían en las aguas de un lago para lavar su cobertura de polvo de oro.

La orfebrería prehispánica en Colombia

Para los pueblos prehistóricos el oro fue el metal sagrado, receptor de la energía creadora del sol, astro generador de vida y principio máximo de fertilidad. Fue ofrenda religiosa por excelencia, adorno en los rituales y símbolo de prestigio de los líderes de la comunidad, personajes que dominaban la unión entre el ámbito social y el sobrenatural. Estas personas eran enterradas en tumbas muy elaboradas y acompañadas por ricos ajuares de oro.

Las piezas de oro encierran un profundo contenido simbólico y expresan el pensamiento mítico de los grupos indígenas. Representaciones de una fauna variada y de hombres con atributos animales muestran la unión del mundo real y mítico: al principio no había diferencia entre hombres y animales; cuando vinieron el sol y la muerte, los hombres quedaron por fuera del mundo primordial que es fuente de poder; es en el ritual, con sus bailes, cantos y máscaras, cuando el hombre entra en contacto con el mundo del principio, regresando al estado hombre-animal para obtener el control sobrenatural del cosmos; el chamán, líder religioso de la comunidad, hombre de conocimiento, mediador entre el hombre y la naturaleza y el cosmos, puede transformarse en ave o en jaguar para adquirir sus poderes y penetrar en el mundo oculto, fuente de sabiduría.

Estas asociaciones —la carga de sentido simbólico dada al metal, su origen sagrado, su función emblemática y ritual— subsistían en las culturas prehistóricas de Colombia, a pesar de las diversas tecnologías empleadas para tratar al oro y la variedad de estilos regionales.

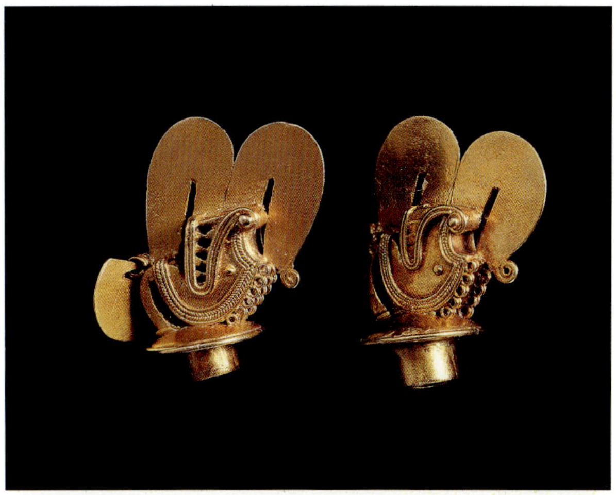

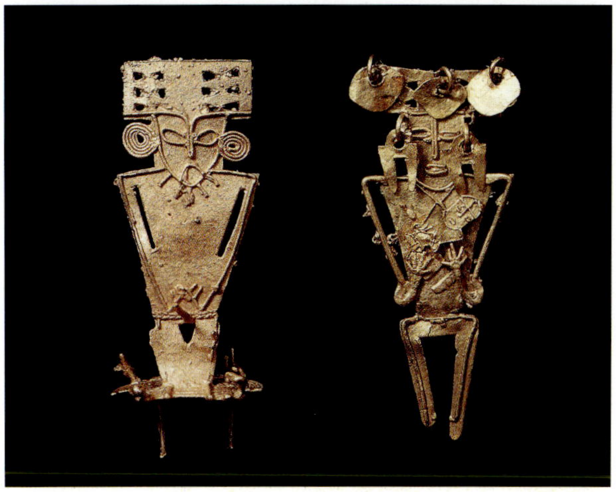

*Arriba, **aretes zooformos calimas**. Abajo, **dos tunjos muiscas**, figuras votivas antropomorfas.*

Areas orfebres prehispánicas

Calima

Durante el primer milenio de nuestra era, los cursos altos de los ríos Calima y Dagua estaban habitados por grupos de agricultores sedentarios responsables de un largo proceso de desarrollo local, en el período conocido como Ilama.

Quimbaya

Las vertientes de clima templado del valle medio del río Cauca fueron pobladas por comunidades que participaron en el gran auge cultural del suroccidente colombiano. Conocida como quimbaya clásica, esta cultura produjo una orfebrería que se distinguía por su calidad técnica y su realismo. Fueron comunidades innovadoras en las técnicas metalúrgicas, influyendo en una amplia zona que abarca el centro y norte de Colombia y la baja Centroamérica.

Tolima

El valle del río Magdalena, principal arteria fluvial de Colombia, fue importante zona de paso en los movimientos de población e intercambios comerciales reflejados en la influencia que las culturas del sur, centro y norte tuvieron en la zona.

Sinu

Las llanuras tropicales del Caribe son zonas de ciénegas, estuarios, sabanas y bosques, con suelos aluviales fértiles y una variada fauna. La explotación de estos recursos y la plantación de la yuca y otros tubérculos permitieron la formación de sociedades complejas, como la de los zenues, quienes desde los comienzos de la era cristiana se expandieron por las cuencas de los ríos Sinu, San Jorge, Cauca y Nechi.

Tairona

La sierra nevada de Santa Marta, en el norte del país, fue poblada por los taironas, quienes desde los primeros siglos de nuestra era comenzaron a consolidarse como entidad política y social.

Nariño

El altiplano nariñense, en el extremo sur del país, fue habitado hacia el siglo VII d.C. por un grupo humano que produjo una orfebrería relacionada con la tradición metalúrgica del suroccidente colombiano.

Muisca

El poblamiento del altiplano de la cordillera oriental colombiana se remonta a más de 12.000 años, cuando bandas de cazadores habitaban los abrigos rocosos de la zona. Hace 3.000 años comenzó el desarrollo de comunidades de agricultores, basado en parte en la explotación y el comercio de la sal.

Narigueras quimbayas de forma elíptica y filigrana.

Dispersos en las laderas, en los valles y en asentamientos nucleados donde residían los caciques vivían agricultores de maíz, papa y otros tubérculos andinos. Dos jefes principales, Zipa y Zaque, aspiraban al dominio respectivo de las zonas sur y norte del territorio mediante una política de expansión no consolidada aún a la llegada de los españoles.

Tumaco

La llanura costera del Pacífico, desde los manglares hasta los bosques tropicales del piedemonte andino, ofrece variados recursos para la subsistencia del hombre. Sus suelos fértiles y su fauna acuática fueron aprovechados durante más de 4.000 años por los antiguos habitantes de la región.

Cauca

La región del alto río Cauca, en el suroccidente colombiano, fue ocupada en una época posterior al siglo VIII d.C. por un grupo humano que produjo una orfebrería

Remate de bastón sinú.

notable por su calidad técnica y decorativa. Se distinguen los colgantes y pectorales de variados tamaños, con formas de aves rapaces y hombres-ave.

San Agustín

El Macizo Colombiano, donde la Cordillera de los Andes se divide en dos ramales y nacen los ríos Cauca y Magdalena, fue escenario del largo desarrollo de la cultura agustiniana.

Las estatuas agustinianas, agresivas en su expresión, representan personajes con armas y cabezas-trofeo, seres con complicados atuendos, aves rapaces, serpientes, jaguares y otros animales míticos. Predomina el tema del jaguar, animal que en muchos pueblos americanos es símbolo de fuerzas opuestas: poder, fertilidad y destrucción del orden social. Las estatuas del hombre-jaguar se asocian al chamán, líder religioso que tiene la facultad de transformarse en felino para mantener el equilibrio entre esas fuerzas contradictorias.

Una vista de la inauguración de Colombia: Tierra de El Dorado.

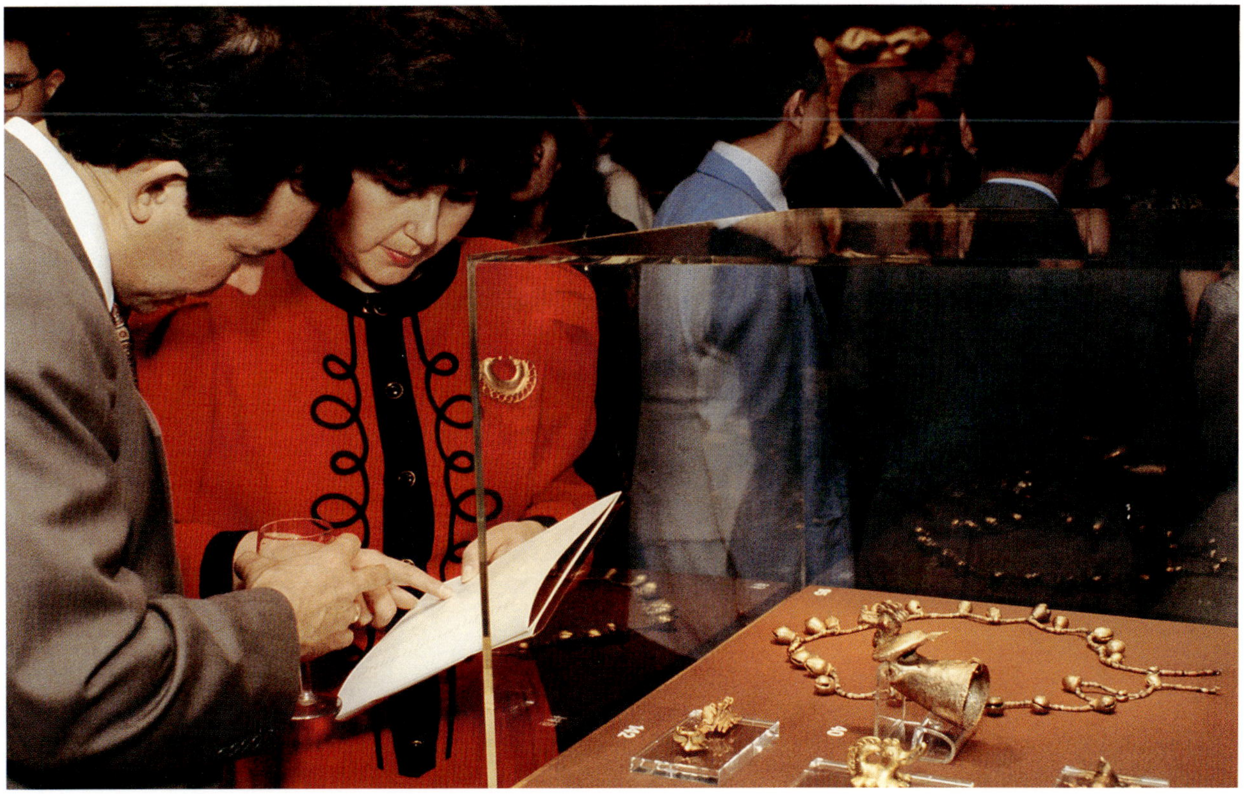

América Latina 13 de enero a 25 de febrero de 1994

Esta exposición, la primera organizada por el Centro Cultural con orientación didáctica, utilizando una selección de treinta obras gráficas de la colección del Banco Interamericano de Desarrollo, incluyó nuevas adquisiciones efectuadas en los últimos dos años de actividad del Centro. La muestra fue presentada posteriomente, del 3 al 30 de junio, en La Liga de Arte de Rehoboth, en Homestead (estado de Delaware).

El catálogo contiene un glosario de términos relacionados con las técnicas de grabado, preparado por el curador del Centro, Félix Angel, y los siguientes comentarios de Ana María Coronel de Rodríguez, Directora del Centro Cultural del BID.

Gráfica de América Latina:
Selecciones de la Colección del BID

Noche oscura de San Juan de la Cruz *(1977), de Luis Caballero (Colombia 1943-1995), litografía 13/60, 29,2 x 43,2 cm.*
A la derecha, arriba, ***Sueño,*** *(1932), de Diego Rivera (México 1886-1957), litografía Nº 17, 40,5 x 30 cm. Abajo,* ***Trópico****, de Francisco Amighetti (1972), xilografía a color, 38 x 56,5 cm.*

La selección se realizó teniendo en cuenta varios criterios, entre ellos la importancia que la gráfica ha tenido en el desarrollo del arte moderno en algunos países como México, Venezuela y Colombia y los logros obtenidos en este ámbito por figuras sobresalientes en países como Costa Rica, Chile, Argentina, Perú, y Trinidad y Tobago.

Fue especialmente grato para el Centro Cultural del Banco Interamericano de Desarrollo organizar y presentar la primera muestra didáctica con una selección de obras gráficas de su colección. Después de una evaluación preliminar, el Centro concluyó que en esta área se concentran las obras de mayor significación histórica, variedad estilística y pluralidad humana de la colección del Banco.

La madurez que el BID ha alcanzado durante los 34 años de su existencia como entidad financiera está reflejada en gran medida en la incorporación de diferentes preocupaciones en sus objetivos y políticas, como el medio ambiente, la participación de la mujer en el desarrollo y, más recientemente, la proyección de la imagen cultural como vehículo para una mayor comprensión del comportamiento humano y las sociedades del mundo en que vivimos.

Desde sus orígenes, el Banco inició la práctica de adquirir obras pictóricas destinadas a la decoración de sus oficinas, con el propósito de enriquecer el ambiente de trabajo tanto en la Sede como en las Representaciones en los países miembros. Con los años, la expansión necesaria del espacio físico y su adecuación fueron los factores que sistematizaron en cierta forma un programa de adquisiciones de objetos artísticos, que se incrementó con eventuales donaciones. Actualmente el Banco posee cerca de 1.500 obras de arte de la más variada índole.

Con la creación del Centro Cultural se inició una nueva etapa, donde la regulación de los aspectos operacionales, el control del nivel de calidad y la evaluación del contenido histórico y artístico de la colección quedan bajo su responsabilidad. En el marco de estas funciones y pese a la reducción de las partidas presupuestarias destinadas a adquisiciones de obras de arte, el Centro ha logrado incorporar en modesto número —pero con estricto criterio— piezas significativas de autores nuevos en la colección. Tal es el caso de la magnífica litografía de Diego Rivera, primer ejemplo en la colección del BID de la monumental obra de este importante artista mexicano.

En momentos en que es cada vez más evidente la necesidad de difundir la cultura como vehículo para enriquecer la faz humana del desarrollo, el Centro Cultural exhibe esta selección de obras gráficas como muestra del patrimonio destinado a promover en forma íntegra el respeto a la expresión artística y las motivaciones espirituales que la generan.

Paraguay

10 de marzo a 13 de mayo de 1994

El Centro Cultural seleccionó cincuenta objetos artísticos, entre ellos pinturas de los artistas Enrique Collar y Sebastián Díaz, cerámicas realizadas por mujeres de Tobatí y esculturas en madera de cedro hechas por guaraníes del Alto Paraná, que aportaron una visión diferente de las artes del país.

La revista Visión *le dedicó tres páginas con ilustraciones, afirmando que constituía "un excelente motivo para analizar un fenómeno que se repite en otros países latinoamericanos... Expresiones que representan "otras sensibilidades" y la identidad cultural son algunos de los temas para el debate generados por esta expresión original".*

Del 2 de octubre al 17 de noviembre de 1995 se presentó una selección de las cerámicas de Tobatí en el Centro de Arte de la Universidad de Delaware en Dover.

Otras sensibilidades

Manifestaciones recientes en las artes del Paraguay

Frutas y gallina (1995), de Sebastián Díaz Riveros (Paraguay 1964), óleo sobre tela de 69,5 x 100 cm.

Reflexión sobre el arte paraguayo contemporáneo

Desde el comienzo de los años cincuenta, las artes plásticas en Paraguay han contado con un grupo importante de figuras que se ha destacado tanto en el ámbito nacional como en el internacional: Josefina Plá (Fuenteventura, Canarias, 1909), Olga Blinder (Asunción, 1921), Herman Guggiari (Asunción, 1924), Carlos Colombino (Concepción, 1937), Enrique Careaga (Asunción, 1944) y Ricardo Migliorsi (Asunción, 1942), para mencionar sólo algunas. Por espacio de cuatro décadas este grupo, que al ritmo de su crecimiento ha mantenido una aparente cohesión a pesar de su heterogeneidad generacional, ha liderado la renovación de las artes plásticas nacionales a pesar de frecuentes dificultades, logrando a menudo reconocimientos en el campo artístico de los cuales se ha sentido orgulloso el país pero que han sido fruto básicamente del esfuerzo individual.

La mayoría de los miembros de estas generaciones se han educado en la capital, Asunción, y su formación académica no ha sido necesariamente en el campo de las artes plásticas. Este es un fenómeno que se repite en forma casi generalizada en América Latina, usualmente en las ciudades de provincia, no en las capitales. De todas formas, aunque no podrían considerarse estrictamente autodidactas debido a su educación en otras disciplinas como la arquitectura y la singular facilidad que han tenido para desplazarse por América Latina, e inclusive a Europa, las características que predominaron en el sistema paraguayo por muchos años, y que son conocidas por todos, hacen que sus logros sean doblemente admirables.

La historia de Paraguay como nación es extremadamente difícil de analizar debido a que no solamente se ha dado en saltos —lo cual tampoco es inusual en América Latina— sino que dichos saltos nunca han sido completos. Desde la guerra de la Triple Alianza (1865-1870) hasta el comienzo de la dictadura en 1954, esa historia está llena de ciclos inconclusos; sin embargo, nadie podría pensar que dichos ciclos no están llenos de situaciones extraordinarias. Al recorrer la avenida Mariscal López, en Asunción, con sus estructuras de estilo academicista maravillosamente anacrónico, no queda duda de que en un momento dado la oligarquía finisecular

Jaguar de madera realizado por los Indios Guaraníes, 70 x 25 x 30 cm.

pareció sentirse dueña de su condición de clase, pero como ocurrió con todas las demás clases, incluida la intelectualidad, su misma fragilidad impidió que completara su destino y desapareció dejando como único rastro de su existencia esas mansiones desoladas y la duda de si fue serio su intento fallido de integrarse armónicamente y comprometerse con el desarrollo del país.

En opinión de Milda Rivarola, uno de los problemas que han contribuido a la falta de aprecio por la nación paraguaya, en el ámbito intelectual al menos, es que Paraguay nunca ha producido un pensador de talla latinoamericana (excepto Roa Bastos en literatura, que como ejemplo serviría en forma tardía) y que si bien la vanguardia plástica pudo avanzar aparentemente más rápido que otros grupos fue realmente el pueblo quien recuperó mucho antes una memoria estética más auténtica que la elite urbana. Esa idea constituyó para la exposición una referencia fundamental sobre todo por estar expresada por una historiadora de la seriedad de Rivarola.

La pintura de Enrique Collar y Sebastián Díaz

En el marco de todas estas consideraciones resulta fascinante la pintura de Enrique Collar y la de Sebastián Díaz. Ambas poseen elementos técnicos y formales en su factura que no son tradicionales en el arte paraguayo. En el caso de Collar, la sensibilidad que proyecta no puede sentirse diferente a un comportamiento paraguayo, y posiblemente sólo al conocer la idiosincrasia del pueblo puede uno comenzar a entender el discurso espiritual desdoblado en la figuración atormentada, en la generosidad de su color, en el barroquismo sígnico que es más bien insistencia en no perder una identidad que es simplemente condición de ser. Sin embargo, no hay nada folclorista ni espontáneo en la pintura de Collar. Ella proviene de una creativa y muy meditada introspección, y sobre todo de la experiencia personal de una realidad que ha dejado una huella imborrable en el carácter.

Sebastián Díaz proviene, como Collar, del campo, pero es un artista autodidacta. A diferencia de este último, para quien la realidad es como un mal recuerdo por el que hay que transitar para recuperar los buenos, de su obra emana un afán pacífico de reconciliarse con lo que siempre ha existido a su alrededor. La pasividad de la obra de Díaz es engañosa. Su código semiótico, sin embargo, no es secreto. Allí están la pureza al descubierto y la nostalgia por tantas cosas puesta en evidencia, pero en vez de languidecer o aniquilarnos se asumen con silenciosa dignidad.

*Arriba, **La curandera** (1995), de Enrique Collar (Paraguay 1964), óleo sobre tela de 124 x 138 cm. Abajo, cabezas en cerámica de Marina González, Tobatí.*

La cerámica de las mujeres de Tobatí y el Museo del Barro

Tobatí está a unos 60 kilómetros de Asunción. Generación tras generación, sus mujeres se han especializado en el modelado del barro, tradición que entre los indígenas guaraníes correspondía a las mujeres, quienes —como señala Osvaldo Salerno— "modelaban grandes urnas fúnebres y las sobrias ollas domésticas". Con las mujeres de Tobatí —continúa diciendo Salerno— "comenzamos a trabajar desde el día que el Museo abrió sus puertas. Así se inició un proceso de interacción movido por la frecuente presencia de las propias creadoras en el museo.

Este encuentro produjo un efecto de natural y espontánea reapropiación de formas olvidadas".

Al visitar el Museo del Barro y verse rodeado por centenares de estas piezas singulares, no queda duda de que la sensibilidad popular está viva y saludable en Tobatí.

La escultura guaraní en madera

En forma similar a lo que sucede en Tobatí, estas obras responden a una tradición guaraní que está siendo reactivada, aunque en dicha tradición "la talla en madera no constituye una práctica propia de los indígenas paraguayos, y la utilización de formas figurativas en las mismas implica siempre un proceso transculturaltivo, generalmente tardío", según Ticio Escobar, Director de Cultura.

La atracción que produce esta escultura deriva básicamente de la fuerza intuitiva de su diseño.

Conclusión

La pintura de Enrique Collar y la de Sebastián Díaz, la cerámica que realizan las mujeres de Tobatí y la escultura en madera de los guaraníes son algunas expresiones culturales que forman parte del contexto actual de la expresión plástica de Paraguay. A pesar de que cada una de estas expresiones proviene de tradiciones imprecisas, actualmente se dan en Paraguay y se manifiestan con una vitalidad que no deja duda de su intensidad creativa. Como forma cultural, responden a otra sensibilidad muy diferente a la que ha servido para establecer una presencia de las artes paraguayas en el ámbito internacional, pero no por ello deben considerarse menos válidas ni se debe menospreciar su posible universalidad. Más aún, constituyen una fuente de inspiración para la nueva generación responsable por el desarrollo artístico del país.

Vista panorámica de la exposición Otras sensibilidades.

Colombia *22 de abril de 1994*

La obra póstuma de la historiadora y crítica de arte argentina Marta Traba (1930-1983), titulada "Arte de América Latina 1900-1980", primer libro de arte publicado por el Banco Interamericano de Desarrollo, fue puesto oficialmente en circulación, en su versión en español, el 22 de abril de 1994, en una ceremonia realizada en el Museo de Arte Moderno de Cartagena de Indias, presidida por Enrique V. Iglesias, Presidente del BID, a la que asistieron el presidente de Colombia, César Gaviria Trujillo, y otras personalidades.

En esta primera obra de la autora que se publicó también en inglés, Marta Traba realiza un análisis histórico-crítico de las artes de América Latina durante el período 1900-1980.

Belisario Betancur, presidente de Colombia que concedió la ciudadanía colombiana a la autora, prologó el libro con el texto que se reproduce a continuación.

Arte de América Latina 1900-1980

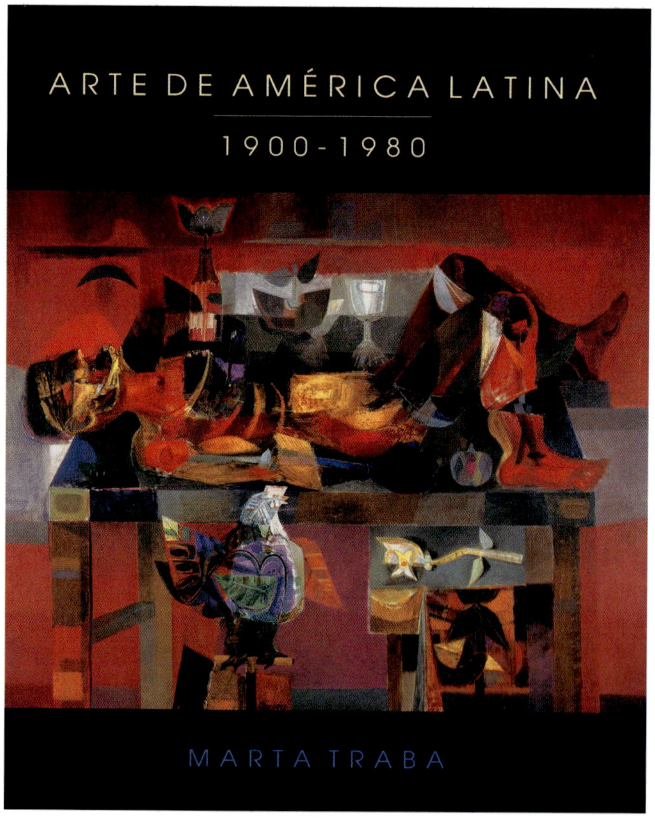

Portada del libro ***Arte de América Latina 1900-1980****, publicado por el BID en inglés y español.*

Metafísica de la luz

La presente obra coloca al lector ante una valiosa y valerosa visión del arte de América Latina como un todo coherente y no como suma inconexa de expresiones nacionales diversas. Tal visión es resultado de una investigación minuciosa y ardua sobre el acontecer artístico durante el período que va de 1900 a 1980, todo lo cual permite a la autora no sólo una presentación de globalidad sino la mención abundante de hechos y circunstancias que corroboran sus hipótesis.

Para Marta Traba era impensable la crítica de arte aislada del contexto económico, político y social del continente. En consecuencia, el presente texto estructura la evolución del modernismo en América Latina a través de tales factores, es decir entrelazando las relaciones de la vida en los distintos países con su creación estética.

Las hipótesis primordiales que se plantean en este libro son las siguientes:

- El conjunto del muralismo mexicano no fue sólo un producto de la revolución, sino de una nueva actitud artística frente a los vientos modernistas llegados desde Europa.
- En coincidencia con el muralismo mexicano, los países de mayor inmigración europea —por ejemplo Argentina, Brasil y México— se convirtieron en fuertes áreas de invención formal, en tanto que individualidades de otros países —como Lam, Reverón y Torres García— tuvieron el mismo comportamiento y pasaron a ser figuras de relieve en el ámbito internacional. Por contraste, en los países más cerrados y con mayor población indígena —como Colombia, Ecuador y Perú— tuvo lugar un arte en el cual se advierte más politización e influencia más determinante del muralismo mexicano.
- A partir de los años cincuenta, los casos de invención formal, es decir el vanguardismo, ya no son tan esporádicos en América Latina, sino que conforman una verdadera masa coral que incluye alrededor de 50 artistas sobresalientes.
- Al vanguardismo conceptual (que tenía razones poderosas para existir en los países desarrollados), numerosos artistas latinoamericanos respondieron con la reconquista del dibujo y el grabado, como formas modestas y a la vez múltiples de expresión.

Vista de San Antonio de Oriente (1972), de José Antonio Velásquez (Honduras 1906-1983), de 120 x 155,7 cm. Colección del Museo de Arte de las Américas, de la Organización de los Estados Americanos (OEA).

- El propósito invariable de articularse con su comunidad mediante mensajes visuales es la más notoria cualidad del arte latinoamericano.

La dignidad humana

Hermosa existencia la de Marta Traba. Hermosa por lo vivida y por haber estado consagrada a los valores de la belleza y la justicia. Había recibido ese oráculo y lo aceptó con la alegría y el entusiasmo que aplicaba a sus tareas de cada día. Todo su quehacer fue combativo, sola o al lado primero de Alberto Zalamea (de quien se divorciaría en 1967) y luego de su segundo esposo, el crítico uruguayo Angel Rama, con quien viajó en 1979 a Estados Unidos para dictar conferencias invitados por las universidades de Middlebury, Harvard, Maryland y Vermont y el Instituto de Tecnología de Massachusetts.

Su nombre está a la cabeza de la crítica en América Latina y el Caribe. La narrativa la seduce: publica en México *Conversación al sur*, en la cual reivindica una vez más la dignidad de los seres humanos contra el fundamentalismo de los militares uruguayos y chilenos.

En 1983 Marta Traba estuvo vinculada con el Museo de Arte de las Américas de la Organización de los Estados Americanos, en Washington, D.C., colaborando en un proyecto financiado en parte por National Endowment for the Humanities, de Estados Unidos, titulado "Arte de América Latina y el Caribe en su contexto cultural", que se refería en concreto a la reorganización de la colección permanente de la OEA. Como parte de dicho proyecto, Marta se dedicó además a escribir un libro sobre el desarrollo del arte plástico en las Américas durante el siglo XX. Pero no alcanzó a presenciar el resultado de su trabajo, el cual fue proseguido gracias al entusiasmo de sus compañeros de proyecto. En 1985 la OEA reinauguró su colección permanente con una exposición que reflejaba, al nivel de las mejores obras de esa colección, con altura institucional y académica, la complejidad visual del continente, sin sacrificar las contribuciones y aportes individuales de artistas de diferentes países.

Debido a que Marta sólo llegó a entregar un primer borrador del libro que ahora presentamos, éste no pudo ser publicado en su momento, pues era necesario realizar una tarea editorial que sin la presencia de la autora resultaba considerablemente laboriosa. El Museo de la OEA trabajó por espacio de cinco años hasta que el original estuvo listo, pero los ajustes presupuestarios de esa organización impidieron entonces seguir adelante con la publicación. Durante otros cinco años el Museo de la OEA buscó un patrocinador para realizar la impresión, tratando de sortear dificultades relacionadas con la distribución de la obra sin fines comerciales.

Después de conversaciones con las autoridades de la OEA, el Banco Interamericano de Desarrollo aceptó publicar la obra. El objetivo es distribuirla entre instituciones y personas interesadas en el fenómeno plástico de Iberoamérica y el Caribe, contribuyendo así a un mejor entendimiento y valoración del aporte realizado por los artistas del continente a las artes visuales, que fue la obsesión de Marta Traba.

Una llama al viento

Marta y Angel proseguían escribiendo sobre la esencialidad del arte latinoamericano en los centros culturales más exigentes de Estados Unidos. Un día les fue negada la visa de residentes por el gobierno de Reagan. El autor de estas palabras prologales, que ejercía la presidencia de

*Arriba, **Instrucción de los indígenas**, y abajo, **Minería del oro** (1941), frescos realizados por Cándido Portinari (Brasil 1903-1962) en la División Hispánica y Portuguesa de la Biblioteca del Congreso de Estados Unidos de América.*

Colombia, interviene. Marta contó el episodio en "Testimonio", publicado en enero de 1983 en la revista *Semana* de Bogotá: "...este Presidente llamó hace dos meses a nuestra casa en Washington para ofrecernos posada y trabajo, al enterarse de que el gobierno de Estados Unidos nos había negado la visa de residencia y afrontábamos la deportación. Me preguntó: '¿querría recibir la nacionalidad colombiana?' Dije que sí sin pensarlo dos veces..."

Recibe la nacionalidad colombiana y hace 20 programas para la televisión, otra vez conferencias, tertulias y exposiciones. Su lenguaje tiene, como siempre, contenido de volcán en erupción. Pero es profundamente analítica, más decantada y más escuetamente enfática. En marzo de 1983, Angel y Marta fijan su domicilio en París, pero Marta sigue haciendo trabajos para la televisión de su nueva patria, Colombia. El gobierno de ese país organiza un encuentro de intelectuales latinoamericanos en Bogotá para escrutar el destino de la región y mirar hacia el siglo XXI. Angel y Marta son invitados de honor. El avión en que viajaban a Bogotá chocó contra un cerro cerca del aeropuerto de Barajas, en Madrid. Era el 27 de noviembre de 1983. En un poema del colombiano Porfirio Barba Jacob, dice: "Era una llama al viento. Y el viento la apagó".

La puerta estrecha *(1936), de Carlos Mérida (Guatemala 1891-México 1984), óleo sobre tela de 1989, 78 x 55,2 cm. Colección del Fideicomiso Samuel M. Greenbaum.*

América Latina

9 de junio a 22 de julio de 1994

En ocasión de la publicación por el BID del libro "Arte de América Latina 1900-1980" se expusieron veinte pinturas de la colección permanente del Museo de Arte de las Américas (de la Organización de los Estados Americanos).

Cuarenta de las 106 ilustraciones del libro corresponden a obras pertenecientes al Museo de la OEA.

Félix Angel escribió los textos correspondientes a algunas de las obras e incluyó otros realizados por Marta Traba y Stanton Catlin, algunos de los cuales se reproducen a continuación.

Pinturas seleccionadas del Museo de Arte de las Américas de la OEA

***Composición constructiva** (1943), óleo sobre tela de Joaquín Torres García (Uruguay, 1874-1949), de 68,6 x 76,8 cm. Colección del Museo de Arte de las Américas (OEA). Donación de Nelson Rockefeller.*

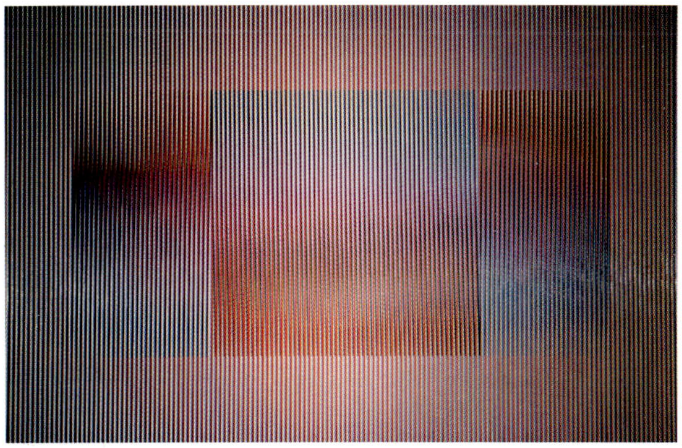

Physichromie No. 965 *(1978), obra en madera, metal y pintura industrial de Carlos Cruz Díez (Venezuela, 1923), de 100 x 150 cm. Colección del Museo de Arte de las Américas (OEA).*

Carlos Cruz Díez. Las primeras "fisicromías" de Carlos Cruz Díez datan de 1959 y se se basan en las teorías desarrolladas por Itten sobre la percepción simultánea de diferentes colores. El artista, buscando producir un efecto dinámico en el ojo del espectador, ha hecho uso de una variedad de recursos: fusión de tonalidades, colocación paralela de delgadas láminas coloreadas para crear un efecto móvil de la imagen y diversos tipos de ilusión óptica. De este modo generó una técnica que él ha denominado "color aditivo", la cual lo llevó a producir las llamadas "cromointerferencias". Definiéndose a sí mismo como "un hombre de su tiempo", la preocupación primaria de Cruz Díez es la autonomía del color y su evolución en el espacio. Como Seurat hace 100 años, Cruz Díez es un investigador del divisionismo del color, cuyo trabajo incursiona particularmente en los campos del cinetismo y la ilusión óptica.

Alejandro Obregón. Los elementos estilísticos más importantes en la obra de Obregón son el color exhuberante, el énfasis en la horizontal, formas fragmentadas pero articuladas en un todo y el manejo magistral de la veladura. Romántico y dramático en estrictos términos pictóricos, su obra produce un fuerte impacto en el espectador. Ciertos elementos temáticos que pueden percibirse, como el gallo y la flor, han sido utilizados constantemente por el artista a lo largo de su carrera, llegando a adquirir un valor simbólico, mientras que otros elementos de su propia invención funcionan como signos que representan hojas, plumas, etc. La obra de Obregón evoca la flora, la fauna y el paisaje de su país. El tema central de esta obra, sin embargo, es la muerte, la cual, en el proceso histórico, social y político de América Latina, está cargada de connotaciones mágicas, religiosas y violentas. Obregón la conmemora en una manera característica de las áreas costeras de Colombia, donde ha vivido casi toda su vida, muy diferente a la solemnidad utilizada en las grandes ciudades del interior.

Joaquín Torres García. En 1944, Torres García fundó en Montevideo su famoso Taller. Había regresado de Europa en 1934, tras 43 años de ausencia. Entre sus principales publicaciones hay que mencionar *Estructura* (1935), *La tradición del hombre abstracto* (1938) y *Metafísica de la prehistoria indoamericana* (1940), todas las cuales culminarían en *Universalismo constructivo*, que vio la luz en 1944. Torres García se encuadraba a sí mismo en el realismo, a salvo de las banalidades naturalistas gracias a su pasión por "la geometría, el orden, la síntesis, la construcción y el ritmo". El crítico uruguayo Juan Flo afirma que Torres García trató de conseguir un arte casi anónimo que, partiendo de cero, entroncara con las civilizaciones que celebran el rito cósmico, de las que las precolombinas son un ejemplo. Angel Kalenberg habla de una noción cualitativa-lingüística, que Torres García habría desarrollado creando ideogramas. La obra de este artista, de apariencia simple y apoyada en los ángulos rectos y en las retículas de Mondrián, exige una segunda mirada, más cuidadosa, que trascienda la forma.

América Latina *19 de agosto a 29 de septiembre de 1994*

Veinticuatro pinturas y esculturas de las colecciones del Museo Hirshhorn (Institución Smithsonian), del Museo Nacional de las Mujeres en el Arte, del Museo de la OEA, del Fideicomiso Samuel M. Greenbaum y del Banco Interameriano de Desarrollo conformaron la segunda parte de un proyecto que, en palabras de la Directora del Centro Cultural, Ana María Coronel de Rodríguez, está "orientado a mostrar al público de Washington el rico patrimonio de obras de artistas latinoamericanos que poseen diversas instituciones de la capital".

The Washington Post *hizo alusión a la muestra en su edición del 26 de agosto, afirmando que "la exposición es un modelo de austeridad y claridad".*

A continuación se presenta una reseña de la exposición por Félix Angel.

Artistas latinoamericanos en colecciones de Washington

Sensation electrique *(Sensación eléctrica, 1945), de Roberto Matta, 1989, 65,3 x 81,2 cm. (Chile, 1912), óleo sobre tela. Colección del Fideicomiso Samuel M. Greebaum.*

En esta exposición se presentaron obras pertenecientes a instituciones de Washington, ampliamente conocidas por sus actividades relacionadas con las artes plásticas.

Al seleccionar las obras se trató de poner de relieve la gran diversidad que caracteriza a las manifestaciones artísticas producidas en América Latina, respondiendo en esta forma a la expectativa que durante tantos años, especialmente en las décadas posteriores a la segunda guerra, inquietó a los críticos de arte europeos y, sobre todo, norteamericanos, para quienes la falta de coherencia del "arte latinoamericano" era un síntoma de debilidad creativa. Ante la necesidad de encasillar de alguna manera la expresión plástica de esta parte del mundo, dicha crítica tomó el camino fácil de reducirla a elementos folcloristas o claramente reconocibles a nivel regional (sobre todo con la secuela que dejara el muralismo mexicano), dando la espalda un poco arbitrariamente a la probabilidad de que dicho arte pudiese establecer conexiones más trascendentales entre las culturas nativas-autóctonas y las coloniales-importadas y, por tanto, negándose a descubrir nuevas posibilidades.

En las obras del argentino Héctor Basaldúa, del uruguayo Pedro Figari o del cubano Juan José Sicre, es innegable que, a la par de una aparente docilidad en seguir el derrotero trazado previamente por los modelos europeos, coexiste el deseo de interpretarlos y dotar a la expresión de un hálito personal que hable del artista, de su medio, de su propia sensibilidad y de sus circunstancias culturales. Las esculturas del chileno Raúl Valdivieso y las de la boliviana Marina Núñez del Prado son ejemplos que nos ayudan a entender este intrincado camino.

No deja de ser singular el hecho de que mientras el mexicano Diego Rivera y el argentino Emilio Pettoruti coinciden en París, trabajando dentro de los postulados del movimiento cubista, ambos hayan tomado vías tan diferentes cuando regresaron a sus respectivos países (Rivera en 1921 y Pettoruti en 1924). Rivera se convertiría en una de las principales figuras del muralismo; Pettoruti sensibilizaría al cubismo introduciéndole una noción lírica y modificando además la percepción del público argentino hacia el arte.

En el caso de Joaquín Torres García, ese derrotero es con todo derecho el suyo propio. Por tal razón, al regresar a Uruguay en 1934, después de formar parte de la vanguardia europea, no tuvo ningún problema para continuar por el camino del universalismo constructivo. De su visión personal de esta manifestación resultaba su opinión mucho más universalista que las posiciones intelectuales aplicadas al movimiento por sus contemporáneos europeos, las cuales el maestro encontraba desprovistas de humanidad.

Naturaleza muerta *(c. 1940), de Héctor Basaldúa (Italia, 1895-Argentina, 1976), óleo sobre tela de 72,7 x 59,4 cm, propiedad del Museo de Arte de las Américas (OEA), que ilustra la continuidad de la tradición pictórica europea en Argentina.*

Para el guatemalteco Carlos Mérida, la experiencia europea fue la que lo hizo despertar, abrir los ojos y mirar hacia adentro de su propia cultura. En sus escritos, Mérida ha dejado constancia de la admiración que el arte maya le produjo al regresar de Europa a Guatemala en 1919. Inclusive los ritmos sincopados de las melodías indígenas, que por sospecha Mérida atribuía a sus ancestros precolombinos, le infundieron al manejo que hizo de la geometría su carácter especial y único.

Aunque nadie ha puesto en duda la significación de la obra del chileno Roberto Matta, se tardó casi cuatro décadas en adjudicar a su trabajo la importancia que realmente merece. Más aún, recién en los últimos 10 años se ha comenzado a aceptar sin resquemores el hecho de que este artista no sólo transformó el espíritu de la pintura surrealista europea, sino que modificó en buena dosis el de la expresión plástica de Estados Unidos durante su estadía en Nueva York, entre 1938 y 1948. Fue precisamente su deseo voluntario de renunciar a la "coherencia" que tanto persiguió la crítica artística en el pasado como elemento básico de análisis (la cual prefería reducir todo a "movimientos" o "escuelas") lo que convirtió a Matta en una figura escurridiza y volátil, difícil de "clasificar" una vez que el surrealismo propiamente dicho se esfumó en la posguerra.

Su influencia también se sintió, por supuesto, en Chile. Toda una generación recibió de alguna forma su legado. Estos artistas asimilaron algunas de sus características y eventualmente las transformaron a sus propias expectativas. Una de esas características fue el orden con que Matta concebía y articulaba la forma. Guillermo Núñez utilizó dicho orden para dar a su trabajo un tono de protesta, tono que todavía persiste en su obra que incursiona abiertamente dentro de un expresionismo figurativo.

Algo parecido podría decirse de Wifredo Lam, cuya larga estadía en Francia de alguna forma lo despojó al menos temporal y superficialmente del hábito de iberoamericano, permitiéndole ser identificado, así fuese de forma lejana, con los surrealistas y Picasso debido a su contemporaneidad con ellos y también, por qué no, gracias a su exotismo racial, cualidad perceptible con más claridad fuera de Cuba. Pero ahora se entiende que fue la exhuberancia de la realidad y del ambiente cultural, y sobre todo los códigos mágicos del ambiente mítico donde transcurrió su juventud, marcando su compresión del mundo, lo que originó su imaginería fantástica. Lo anterior, unido a un nuevo concepto de la superficie y el "espacio pictórico" heredado de los cubistas le permitió, como al mexicano Rufino Tamayo, llevar todavía más lejos una expresión que debe tanto al arte occidental como al oceánico y al africano.

En base a lo anterior puede entenderse más fácilmente la obra de Georges Liautaud, cuyas representaciones humanas y animales son ricas en simbolismo, en formalismos, en connotaciones, en vivencias y creencias, y en ellas el color del metal con el cual trabaja termina

Cartas a Milena *(1976), del salvadoreño Benjamín Cañas Herrera (El Salvador, 1933-EE.UU., 1987), óleo sobre madera de 61 x 61 cm, ejemplifica un aspecto del particular surrealismo latinoamericano.*

siendo algo familiar y al mismo tiempo una contundente reafirmación étnica. Entre Lam y Liautaud podría situarse parte de la obra de Mario Carreño, realizada durante los años cuarenta.

Ese elemento fantástico que tanto desconcertó a Bretón cuando llegó a México al final de los años treinta y que le obligó a calificar al país, sin entenderlo muy bien, de "país surrealista", es también el que confiere al trabajo de los mexicanos progresistas que le recibieron con entusiasmo, entre ellos Frida Kahlo, el sello de una identidad cultural ante la cual palidece cualquier posición intelectualista. La obra de Kahlo, en la que predomina como tema su propio retrato, simboliza una reafirmación de valores culturales en tiempo y lugar, de una imagen propia cuya autorrepresentación desafía toda otra especulación.

Esa forma de ser del individuo y por ende de la colectividad, la cual debe transformarse y enriquecerse a medida que la cultura evoluciona, encontró en el mismo México durante los años cincuenta uno de sus más agresivos y aguerridos críticos. José Luis Cuevas no sólo rechazó el repertorio formal del muralismo y la pintura de caballete como formas manidas y agotadas, sino a la misma abstracción, sin duda el concepto plástico dominante durante esa década.

Convertido en una especie de poeta maldito, el mexicano utilizó su línea incisiva como un látigo con el cual fustigó el desorden y el caos que todavía el mundo, ante los últimos vestigios de la falsa promesa, sufre como consecuencia de una deshumanización sólo comparable a las imágenes de sus dibujos. En ellos no se retrata el cuerpo sino el alma, disolviéndose monstruosamente y sin esperanza en el espacio de su propia ambición.

Dentro de la misma línea, aunque un poco posterior, la obra del salvadoreño Benjamín Cañas estuvo influenciada por la filosofía más que por el estilo de Cuevas. Pero en el trabajo de Cañas hay intereses pictóricos, además de los dibujísticos, y una gran admiración por los grandes maestros góticos, como El Bosco.

Pero el mito de la tecnología como camino a la felicidad sin límite encontró extraordinarios intérpretes, como el colombiano Edgard Negret. Para él, sin embargo, el repertorio tecnológico se convirtió en un inventario de pretensiones, en donde las máquinas no dejan de ser nuevos juguetes para un hombre infantilizado con sus propias fantasías. Por medio de formas abstractas, Negret produce maravillosas formas que en su estructura nos recuerdan aparatos, herramientas y hasta naves espaciales. Unicamente la poesía y la gracia formal que tanto él como nosotros podemos depositar en esos objetos son los que le confieren su sentido y significado puesto que, como obras de arte, sin la espiritualidad del hombre no tienen ningún valor.

La obra abstracta de su compatriota Fanny Sanín también se sustenta en un elemento poético, en este caso el color, el cual paradojalmente se opone al estricto orden ortogonal que por lo general esta pintora maneja. En cierta manera la artista, aunque mantiene viva su predilección por la búsqueda de un sistema ideal donde el comportamiento esté regido por la razón, nos deja sentir, sin elocuencia pero con efectiva seguridad, que un estado perfecto para el hombre, o al menos un estado superior, tal vez sólo podrá alcanzarse cuando se logre un equilibrio entre lo emocional y lo cerebral.

Asimismo, la oposición a la abstracción por parte de un sector de artistas iberoamericanos más interesado en explotar al máximo la figuración, entre ellos Antonio Seguí, obedeció en general a una comunidad de intereses de los cuales dos muy importantes fueron el activismo político y la conciencia existencial de reafirmarse culturalmente ante las pretensiones homogeneizantes del mundo industrializado.

En varios países de la América hispana, esta oposición se manifestó con brillantes propuestas de lado y lado. En Argentina, por ejemplo, al movimiento de arte generativo (una ramificación del arte óptico-geométrico) aparecido en 1959 en Buenos Aires se sumó la figura de Ary Brizzi, quien complementó los principios rectores del movimiento basados en el uso de la línea con una ingeniosa investigación del color.

El color, la línea, la textura, la composición, la forma, la deformación y la narración —elementos tradicionales de la expresión plástica— adquieren nueva validez en el discurso creativo del artista latinoamericano. Cada una de las obras de esta exposición representaba una tendencia que en más de una forma se contrapone a las demás, simbolizando en su conjunto la multitud de direcciones que las artes visuales han tomado en América Latina durante el siglo XX. A primera vista el panorama es vasto y desarticulado, pero al mismo tiempo es indicativo de su misma complejidad y la casi inexistencia de simultáneas similaridades que, de existir, simplificarían terriblemente su comprensión.

Aunque Marta Traba señaló en vida que América Latina no era responsable de ningún "ismo" durante el siglo XX (o para el efecto en ningún siglo de su historia postcolombina, no obstante la aparición del muralismo mexicano, el concretismo brasileño, los grupos MADI, el arte concreto invención, el arte generativo, la Otra Figuración en Argentina, etc.), esta afirmación tan categórica y de pronto cierta debe entenderse como una manera de diferenciar el proceso de las artes en América Latina de la tradición desarrollada por Europa y una expresión más de la saludable dicotomía e independencia cultural de su plástica, todo ello un constante presente en las preocupaciones del artista latinoamericano.

Ecuador *13 de octubre a 9 de diciembre de 1994*

Veinticuatro esculturas religiosas provenientes de las colecciones del Museo del Banco Central del Ecuador y del Museo de Arte Colonial, ambos en Quito, conformaron la última exposición del Centro durante 1994. La mayoría de las obras presentadas salieron del Ecuador por primera vez.

La muestra realzó el alto nivel de ejecución y refinamiento artístico alcanzado durante los siglos XVII y XVIII en los talleres de imagineros de Quito.

La Licenciada Magadalena Gallegos de Donoso, quien actuó como curadora asociada de la exposición, dictó una conferencia sobre el tema y escribió el texto que sigue.

Escultura quiteña de los siglos XVII y XVIII

Virgen de Quito, *de Bernardo de Legarda, escultura de madera policromada, estofada, dorada y esgrafiada, con corona y alas de plata, de 73 x 34 x 32 cm. Propiedad del Banco Central de Ecuador, Quito.*

Del mestizaje al sincretismo cultural

Cuando Europa se enfrenta al Nuevo Mundo, se oponen dos cosmovisiones y diversos niveles de civilización, con culturas de trayectoria enormemente rica pero diferente. Al comienzo, este choque provoca la alteración absoluta de la vida amerindia, pero finalmente, con el transcurso de los años, desemboca en el mestizaje cultural del cual hoy todos los ecuatorianos somos herederos. El arte colonial es una de las manifestaciones más ricas de este fenómeno cultural en el cual, aparentemente, la participación del indígena conquistado es de menor importancia frente al aporte europeo dominante.

Pero para explicar el sincretismo, que no es otra cosa que la confluencia de dos vertientes reelaboradas en un resultado propio, distinto de sus orígenes, es menester analizar la participación y existencia de las dos vertientes dentro del arte amerindio, en especial la escultura que floreció en Quito.

El aporte europeo es evidente y su influencia en el arte se manifiesta mediante:

- el adoctrinamiento religioso, que se valió de la obra de arte como eficaz herramienta de catequesis y por el cual la producción imperante fue de carácter sagrado;
- el procedimiento de enseñanza y de producción artística, de carácter gremial y asociativo;
- la valoración del individuo, que no cuenta como autor (salvo muy pocas excepciones) sino como ejecutor de la voluntad divina o intermediario eficiente para la propagación del culto y la fe, por lo cual la obra colonial es mayoritariamente anónima;
- las técnicas artísticas, como el tallado, policromado y estofado, que responden fielmente a la larga tradición estética europea;
- el barroco español, que iba acorde con los movimientos europeos;
- la presencia de artistas europeos y la abundancia de obras traídas de la península ibérica, sobre todo hasta comienzos del siglo XVIII;
- la aplicación fiel de los dogmas religiosos que dictaba la iconografía católica, muchos de los cuales provenían de los cánones y decretos promulgados en el Concilio de Trento (que se realizó, con interrupciones, entre 1545 y 1563), es decir el respeto a las formas específicas de representar las imágenes religiosas.

***Virgen Dolorosa**, realizada por Manuel Chili "Caspicara" en madera policromada. La corona y el corazón traspasado por una daga son de plata. Tamaño: 83 x 36 cm. Colección del Museo de Arte Colonial, Casa de la Cultural Ecuatoriana, Quito.*

El aporte aborigen es menos claro y su participación se manifiesta por medio de:

- la representación del lugareño: muchos personajes tienen rasgos mestizos y algunos atuendos locales (como la Virgen María con collares indígenas);
- la ubicación de la escena representada en un ambiente propio (por ejemplo, paisajes andinos), con fauna local (la llama como animal de carga acompañando a los reyes magos) y flora nativa (el maíz y el zapallo en guirnaldas ornamentales);
- el respeto a las costumbres y los personajes propios del medio (como los lugares sagrados indígenas);
- el artista autóctono, quien hasta principios del siglo XVII fusiona el elemento iconográfico de milenaria trayectoria artística propia y las técnicas amerindias con las europeas;

- la concepción espacio-temporal: a diferencia del criterio occidental que postula una cronología secuencial, el tiempo para el aborigen es circular, casi simultáneo. En consecuencia, encontramos con mucha frecuencia que los acontecimientos relatados, que pueden ocupar un período de tiempo extenso, se sintetizan en la producción plástica mediante la ejecución de escenas complementarias que facilitan la lectura tanto secuencial como simultánea;
- la utilización de materiales locales y desconocidos en Europa, tales como esculturas de piedra guamanga, semillas tropicales o la pintura sobre obsidiana, usada en la etapa aborigen.

El carácter sincrético de la producción artística ecuatoriana revela que la fusión de los aportes autóctonos con los procedentes de Europa le da un sello singular, único y significativo. Sin embargo, para comprender mejor esta originalidad es necesario describir la evolución del arte quiteño.

Gestación

La plástica quiteña comienza a gestarse en el siglo XVI en momentos en que es evidente una dominante influencia europea de varias vertientes, destacándose la de las órdenes religiosas. La española llega con los conquistadores, los religiosos, las obras maestras traídas desde la península y la presencia de artistas ibéricos, de quienes nos llega el gusto por la policromía y el encarne. La influencia flamenca se da por medio de artistas que propiciaron el gusto por el claroscuro, en tanto que la italiana viene de los dominicos, quienes legaron la prolijidad del dibujo y el seguimiento fiel al inventario de los cánones estilísticos.

Durante el período de gestación llega la herencia medieval del trabajo comunitario, que se acopla perfectamente con la labor solidaria del indígena. Esta complementación se manifiesta mediante la actividad artesanal ejecutada en los talleres, donde las obras son anónimas pues sus artífices no buscan el reconocimiento personal: trabajan por y para gloria de Dios. Su creación no sólo es fruto de la inspiración artística sino también de la fe impuesta primero y adoptada después.

Apogeo

El esplendor de la escuela quiteña se pone de manifiesto en la segunda mitad del siglo XVII y en el XVIII. Desde un principio todas las influencias externas fueron acogidas por el artista local para luego ser fusionadas en una nueva concepción propia, haciendo del arte colonial ecuatoriano algo especial, único e inconfundible, sobre todo en materia de escultura.

Si bien abundan los maestros y oficiales locales y proliferan los talleres y asociaciones gremiales encargados de la producción de esculturas, pinturas, muebles, piezas de orfebrería y otras artesanías, todavía se sigue manteniendo el anonimato debido a que se otorga mayor importancia al personaje representado que al ejecutor de la obra. Las comunidades religiosas son las que encargan innumerables obras de gran formato para decorar paredes, claustros y retablos de conventos e iglesias.

Con el correr del tiempo, las características quiteñas se van haciendo cada vez más evidentes hasta lograr una personalidad especial, distinta de otras manifestaciones coloniales americanas.

A mediados del siglo XVIII, el barroco exige policromía y movimiento, los elementos se vuelven exuberantes, y las imágenes bailan y vuelan. Parece no existir separación con lo divino: las figuras sagradas se humanizan, ríen, lloran y a veces parecen casi mundanas. Los espléndidos estofados dan a las imágenes religiosas un carácter festivo, con visos de realeza. Las figuras adornadas con vestidos estimulan el trabajo de los talladores e incorporan nuevas artesanías, como el bordado, la orfebrería y la joyería.

Apertura

Después de la llegada de los Borbones, el esplendor artístico continúa. Sin embargo, debido a una liberalización del control religioso ejercido sobre la producción y a un mayor peso del sentimiento criollo, se evidencia una presencia más tangible de los aportes locales y una apertura hacia temas que trascienden lo religioso.

Con este renacimiento artístico, la producción se intensifica enormemente y se da incluso una exportación abundante de esculturas y pinturas quiteñas, las cuales logran una merecida fama a lo largo de todo el continente y también en España.

A fines del período colonial, después de una etapa corta de producción rococó, se manifiesta la declinación del arte quiteño, que no muere sino que se transforma con vitalidad en el arte republicano del siglo XIX. Un sentimiento cada vez más hondo de nacionalidad, juntamente con la apertura a nuevas corrientes de pensamiento filosófico-político, provocan una separación con lo establecido.

Cuando se logra la independencia, desaparece el vínculo con el barroco español y con lo religioso. Surgen entonces el retrato, la escena heroica, el desnudo académico, el paisaje y la pintura costumbrista, satírica, anecdótica y mitológica que sustituyen a la obra sacra.

La escultura vuelve a la sobriedad y a la tranquilidad, bordeando prácticamente lo estático. Los encarnes rosáceos brillantes adquieren una coloración pálida, casi blanquecina; los estofados que denotaban esplendor tienden a desaparecer e impera la utilización del color plano. La tradición familiar de enseñanza y la producción en talleres gremiales se sustituye por la práctica académica formal, con lo cual se elimina la calidez propia de la transmisión de padres a hijos, pero se gana en rigor técnico y en amplitud de criterios. Impulsados por el humanismo, los artistas empiezan a trascender y el anonimato es reemplazado por la autoría.

En el siglo XX, heredero de tradiciones e innovador por su naturaleza cambiante, el arte se abre completamente al mundo, se universaliza, se enriquece de lo foráneo, se multiplica en tendencias y movimientos, y acrecienta sus temas y técnicas. El artista deja de ser artesano para convertirse en el creador que reclama su espacio y figura con la misma importancia que su obra. A pesar de la variedad de temas y estilos que aumentan con la llegada de la próxima centuria, quizás nuestro arte no pierda nunca su sentido de ecuatorianidad.

Vista panorámica de la exposición Escultura quiteña de los siglos XVII y XVIII *en la Galería de Arte del Centro Cultural. En el recuadro, el espectacular* ***Cristo de la Resurrección****, de Manuel Chili, "Caspicara", escultura de tan solo 21 cm de altura, propiedad del Museo de Arte Colonial, Casa de la Cultura Ecuatoriana, Quito.*

Israel *12 de enero a 28 de febrero de 1995*

Se expuso en Washington una selección de 118 objetos de la antigüedad, de la colección del Museo de Israel, en Jerusalén, como preámbulo a la XXXVI Asamblea Anual del Banco, que tuvo lugar en abril de ese año en Jerusalén.

En la página de enfrente se resumen el concepto y el contenido de la muestra, que contó con la colaboración de Michal Dayagi-Mendels, curadora de los períodos israelita y persa del Museo de Israel, quien asimismo dictó una charla sobre el tema.

La exposición y la charla formaron parte de un tributo del BID a Israel con motivo de la realización en Jerusalén de su Asamblea Anual de Gobernadores.

Belleza intemporal

Recipientes para perfumes y cosméticos de la antigüedad

Recipientes tallados en piedra con forma de mano *(izquierda, Ein Gev) y* ***león*** *(derecha, Tel Kinrot), siglos IX y VIII a.C., de la colección del Museo de Israel, Jerusalén.*

Con el título de "Belleza intemporal: recipientes para perfumes y cosméticos de la antigüedad", se expuso en la galería de arte del Centro Cultural del Banco Interamericano de Desarrollo, en Washington, una selección de 118 objetos de la colección del Museo de Israel, en Jerusalén. La muestra fue financiada en parte con una contribución del Banco de Israel. La exquisita selección de estos objetos se expuso por primera vez en la capital estadounidense.

La búsqueda de la belleza es tan antigua como la humanidad. En el Medio Oriente, las antiguas civilizaciones elaboraban ungüentos, perfumes y maquillajes derivados de plantas y resinas mezcladas con aceites vegetales y grasas animales. Estos productos eran altamente apreciados debido a su relativa escasez como consecuencia de las dificultades que presentaba su fabricación y de su elevado costo. La producción de cosméticos, con el tiempo, se convirtió en una verdadera industria que exigió, para preservarlos, la fabricación de recipientes, que se convirtieron en piezas exquisitas con valores técnicos y artísticos propios.

Estos recipientes, así como el uso de cosméticos y otros productos de belleza, representan una tradición muy antigua que refleja el deseo del hombre y la mujer de acicalarse y aumentar su atractivo personal, deseo que aún prevalece en el mundo contemporáneo.

La exposición estuvo dividida en cuatro áreas: cuidado del cuerpo, cuidado de la cara y maquillaje, cabello y estilos de peinado, y perfumes. La muestra reunió botellas, vasijas, vasos, lavapiés, espátulas, peinillas, ganchos para el cabello y una variedad de otros objetos diseñados en la antigüedad. Entre las piezas que integraron la colección se destacaron varios perfumeros de vidrio iridiscente y algunos platos para mezclar cosméticos realizados en mármoles de colores.

Todos los objetos incluidos en la muestra fueron hallados en Israel. Sus orígenes se sitúan en el territorio que ocupa actualmente este país y en otros otros países circundantes. En la muestra estuvieron representadas varias culturas, además de la israelita, como la corintia, mesopotámica, egipcia, griega, romana, pérsica, bizantina e islámica. Cronológicamente, las piezas se sitúan entre el año 3000 a.C. y los primeros siglos de nuestra era.

*Arriba, **recipientes de vidrio policromado para perfume**, siglos VI y IV, Israel. Colección del Museo de Israel, Jerusalén. Abajo, figuras de cerámica con diferentes estilos de peluca, siglos VIII y VII, Israel. Colección del Museo de Israel, Jerusalén.*

Japón *16 de marzo a 12 de mayo de 1995*

El museo Tokio Fuji facilitó para esta exposición treinta obras maestras del arte japonés que abarcaron desde el período Kamakura hasta el período Edo (siglos XIII al XIX).

Entre las obras figuraron armaduras, espadas, caligrafías, máscaras, objetos de cerámica y laca, porcelana, biombos y grabados Ukiyo-E.

Mitsunari Noguchi, curador jefe del Museo Tokio Fuji, colaboró personalmente con Félix Angel en el montaje de la exposición. Anne Yonemura, curadora de arte japonés de la Galería Freer de Washington, fue invitada por el Centro a dictar una charla sobre el tema.

A continuación se resume la trayectoria histórica del arte japonés.

Tesoros del arte japonés

Selecciones de la colección del Museo Tokio Fuji

***Armadura en estilo Okegawado Gusoku con ataduras azules**, que perteneció a la familia Todo, en el Edo Tardío (siglo XIX). Altura: 172 cm. Colección del Museo Tokio Fuji, Tokio.*

***Disfrutando la brisa nocturna en el puente Ryogoku**, en Edo, grabado en madera de Keisai Eisen (1791-1848), período Edo tardío. Tres paneles de 38,8 x 25,9 cm cada uno. Colección del Museo Tokio Fuji, Tokio.*

La creación artística en Japón es varias veces milenaria. Basta sólo recordar que la cerámica cuidadosamente decorada de los pescadores de la cultura jomon, la cual floreció aproximadamente entre los años 10000 y 300 a.C., se cuenta entre las más antiguas del mundo.

En los tiempos en que el griego Epicuro formulaba su filosofía, el romano Plautus escribía sus comedias y el alejandrino Euclides descifraba los misterios de la geometría, surgía en Japón la cultura yayoi (300 a.C. a 300 d.C.). Bajo la influencia cultural de los habitantes de la península de Corea, los yayois desarrollaron la agricultura y aprendieron a usar el torno, produciendo una cerámica simple y delicada con muy poca decoración. La simplicidad y la mesura se convertirían en características recurrentes del arte japonés.

Mientras las hordas bárbaras asolaban Europa y saqueaban Roma y los mayas erigían sus grandes ciudades, los japoneses del período Kofun (c. 300-600 d.C.) introducían el cultivo del arroz, asentándose en comunidades más estables, marcando las sepulturas de sus líderes y aristócratas con masivos montículos funerarios.

La religión budista fue introducida en Japón durante el período Asuka (552-645 d.C.), revolucionando la sociedad japonesa e inspirando a los artistas por varios siglos. Es durante este período que los japoneses adoptaron no solo la religión sino la cultura de la China.

El período Nara (645-794 d.C.) representa el apogeo del arte budista en Japón y se considera como el siglo de oro de la escultura del país. Durante este período los japoneses construyeron magníficos templos y esculturas dedicados a Buda. Simultáneamente, en Europa, los anglosajones arrasaban con los celtas en Inglaterra, y en el Medio Oriente los seguidores de Mahoma propagaban las enseñanzas del Islam con la Guerra Santa.

Durante el período Heian (794-1185), la corte japonesa centralizada en Kyoto alcanzó un refinamiento y sofisticación nunca vistos. En contraste, Europa por la misma época languidecía inmersa en la oscuridad de la Edad Media. Preocupada por las artes y las letras, la aristocracia japonesa impulsó a los artistas a desarrollar un estilo que representara sus costumbres y manerismos.

Los períodos Kamakura (1185-1333) y Muromachi (1392-1573) señalan el comienzo y apogeo de la época de los grandes shoguns, quienes regirán a Japón hasta la restauración del imperio Meiji en 1867. La arquitectura, la pintura y la escultura florecieron en dichos años a pesar de constantes disturbios internos, a la par de la colonización de las Américas por el Viejo Mundo.

De corta duración, el período Momoyama (1573-1615) representa una época de opulencia, con énfasis en la realidad, que coincide con el alto Renacimiento en Europa. Sin embargo, el gusto por la novedad y la apariencia quedó balanceado por la belleza simplista y la armonía simbolizadas en la ceremonia del té.

Con el crecimiento económico e industrial experimentado durante el período Momoyama surgió una clase urbana cuyo carácter incidió en la modificación del gusto del período Edo (1615-1867), el cual representa una época de estabilidad política y prosperidad económica. Las artes y los oficios se desarrollaron no sólo en la capital sino también en las provincias. Durante esta época Japón se aisló del resto del mundo, produciendo formas de expresión únicas representadas en su literatura popular, las artes interpretativas y, sobre todo, los grabados en madera conocidos como estampas Ukiyo-e, los

Grabado en madera *(díptico) de Utagawa Kunisada (1786-1864) que representa dos famosos actores, Edo tardío. 39,0 x 26,1 y 39,2 x 26,5 cm. Colección del Museo Tokio Fuji, Tokio.*
Abajo, vista de la muestra Tesoros del arte japonés. *En el recuadro inferior, Enrique V. Iglesias, Presidente del BID, inaugura oficialmente la exposición. A su lado está el presidente de la Junta Directiva del Museo Tokio Fuji, Hiroshi Okayasu, quien viajó directamente desde Tokio para asistir al acto.*

cuales influirían en el desarrollo de algunas tendencias del arte plástico europeo de fines del siglo XIX y de los cuales varios ejemplos importantes, entre ellos la *Gran ola de Kanagawa*, de Katsushika Hokusai (1790-1849), fueron incluidos en la muestra.

Con la restauración Meiji en 1867, una combinación de presiones internas y externas forzaron a Japón a salir de su reclusión autoimpuesta. Después de tres siglos durante los cuales la cultura japonesa evolucionó dentro de características propias, el contacto con Occidente trajo una nueva corriente de influencias dentro del constante proceso de asimiliación que identifica a la historia y la cultura japonesas.

La exposición Tesoros del arte japonés, presentada en la Galería de Arte del Centro Cultural del BID, se centró en obras correspondientes a los períodos Momoyana y Edo, aunque incluyó unos pocos objetos de los períodos Kamakura y Muromachi. *The Washington Post*, al comentar sobre la muestra en su edición del 31 de marzo de 1995, dijo que "la exposición habla con altura de la antiquísima y casi increíble excelencia de la tradición artística de Japón y la extraordinaria producción de objetos finísimos en este país". Otra reseña aparecida en el mismo periódico el 23 de abril se refirió a la galería como un "oasis urbano" y a la muestra como "instalada espléndidamente".

Otra vista de la exposición Tesoros del arte japonés, *con una espada samurai en primer plano y varias armaduras al fondo. En los recuadros aparecen, arriba, Mitsunari Noguchi, Curador Jefe del Museo Tokio Fuji, y sus asistentes trabajando en el montaje, y abajo, el Presidente del BID, Enrique V. Iglesias (al centro), conversando con la concurrencia durante el acto de inauguración.*

América Latina *20 de junio a 18 de agosto de 1995*

Durante los meses de verano se expuso una selección de veinte pinturas, dibujos y esculturas del Banco Interamericano de Desarrollo, que luego se trasladó a la galería de Arte de la Universidad Estatal de Salisbury, en Maryland.

The News Journal, *en su edición del 1 de septiembre, resaltó la exposición con una cita de Kenneth Basile, director de la Galería de Arte de la Universidad de Salisbury, quien afirmó que "es una selección excelente, una ventana hacia más de 200 años de vida artística en América Latina".*

Refiriéndose a la vaguedad del significado del término "arte latinoamericano", Félix Angel escribió el texto introductorio del catálogo que se reproduce a continuación.

Pintura, dibujo y escultura de América Latina

Selecciones de la colección del Banco Interamericano de Desarrollo

Oleo sobre tela, sin título (1970), de Antonio Seguí (Argentina, 1934), 130,8 x 195,5 cm. Colección del Banco Interamericano de Desarrollo. Fondo de adquisiciones, 1994.

¿Qué es el arte latinoamericano?

A menos que se organicen sobre un tema específico, un interés común o un fenómeno particular, las exposiciones colectivas, por su propia naturaleza, tienden a verse como un conjunto confuso y caótico de objetos disímiles, asemejándose a una reunión de personas en la que, sin conocerse, cada una intercambia frases de forma simultánea, en varios idiomas, mientras que otros con acento diferente alzan la voz sin preocuparse de que alguien los escuche.

Cuando el tema es el arte latinoamericano, debemos prepararnos para una experiencia similar. No resulta fácil organizar un número de obras que, además de su diversidad en técnica y estilo, representan, como en este caso, a más de 11 países y 230 años de historia. Las obras han sido realizadas por artistas latinoamericanos, no hay duda, pero uno se pregunta quién fue el que alguna vez concibió la idea equivocada de creer que, por todo lo que los latinoamericanos tienen en común, cualquier cosa que hagan no puede reflejar individualmente una personalidad particular. Esa es una razón por la cual las artes visuales en América Latina se nos presentan como un multiproducto poco procesado, como poco procesadas nos resultan las circunstancias históricas, económicas y culturales que inspiraron a los artistas.

Es frecuente escuchar, por ejemplo, que los latinoamericanos hablan el mismo idioma, lo cual desde más de un punto de vista no es verdad. Para comenzar, si tomamos de modelo la lengua española nos damos cuenta de que a lo largo de América Latina ésta nunca se ha enseñado o hablado en la misma forma. Por ello, el idioma que se supone todos comparten es lo primero que los diferencia, sin olvidar además que 150 millones de brasileños hablan portugués.

La razón de esta gama ecléctica y sin embargo fascinante de identidades entre los varios grupos de latinoamericanos es la diversidad a todos los niveles, un hecho que, tan simple como parece ser, solamente al cabo de 500 años se percibe como algo evidente. En el pasado, éramos considerados como lo sugería la geografía, es decir, como un bloque sólido que podía ser entendido íntegramente y definido correctamente así desde la perspectiva cultural.

***Canto a España**, XVI, óleo sobre tela (1993) de Fernando Varela (Uruguay, 1951), 152,08 x 160 cm. Colección del Banco Interamericano de Desarrollo. Fondo de adquisiciones, 1994.*

No pueden utilizarse ideas generalizantes en la organización de una exposición como esta. El territorio es América Latina, pero en términos artísticos estrictos no existe un arte latinoamericano, como no existe un arte europeo. La única manera de aproximar estos trabajos a nuestra sensibilidad es individualmente, sintiéndonos satisfechos de que, de tanto en tanto, al observarlos nuestro cerebro descubra lo inesperado.

Entre *La Virgen del Carmen* del boliviano Gaspar de Berrío, pintada 200 años antes que *La curandera* del paraguayo Enrique Collar, es cierto que pueden verse algunas conexiones, además de que en ambas imágenes el personaje principal sostiene una camándula entre las manos. Pero en lugar de buscar esta clase de relaciones elementales entre las diversas obras, es mejor descubrir sus diferencias y comenzar a viajar por un mar de imágenes e ideas, percibiendo mundos poblados por otras gentes que piensan y se comportan en forma diferente a la del observador. Ello nos ayudará a entender por qué los latinoamericanos son como son.

Si incorporamos a la anterior disgresión cuestiones técnicas y evaluaciones de forma con la historia del arte en perspectiva, comenzaremos a comprender el alcance del término "arte latinoamericano".

Uruguay *21 de septiembre a 10 de noviembre de 1995*

Esta exposición de veinticinco pinturas y dibujos de Pedro Figari y sus contemporáneos, complementada con fotografías de la ciudad de Montevideo pertenecientes al mismo período, procedentes del archivo de la Biblioteca Nacional y colecciones particulares, ilustró la evolución de la pintura en Uruguay entre 1861 y 1938. Las obras se seleccionaron del Museo Municipal Juan Manuel Blanes, el Museo Histórico Nacional, la intendencia Municipal de Montevideo y colecciones privadas, entre ellas la del presidente de Uruguay, Dr. Julio María Sanguinetti.

La historiadora uruguaya Raquel Pereda fue invitada por el Centro a participar como curadora asistente.

La perspectiva histórica del período fue escrita por el curador Félix Angel.

El Montevideo de Figari (1861-1938)

***Calle 18 de Julio**, 1866, hacia la Plaza Matriz, con las antiguas murallas de la ciudadela al fondo. Cortesía de la Biblioteca Nacional de Uruguay, Montevideo.*

Pocas veces en América Latina se ha dado el caso de una consustancialidad tan profunda entre la vida de un intelectual y la sociedad en que le tocó vivir como ocurrió con Pedro Figari en su Montevideo natal. Hijo de inmigrantes genoveses que habían llegado a Montevideo a mediados del siglo XIX, Figari —nacido en 1861—vivió el final de una época protagonizada militar y políticamente por caudillos y caracterizada por rivalidades, luchas civiles y guerras, así como el comienzo de otra en la que el país fue desarrollando una personalidad cultural propia. En este escenario, llevó una vida pública ejemplar como abogado, político, educador, filósofo y periodista, antes de dedicarse de lleno a la pintura cuando ya había cumplido 60 años.

La producción de Figari sintetiza el espíritu y la búsqueda de identidad que tuvo lugar en el país a principios del siglo XX, dentro de un proceso ideológico y político iniciado en la segunda mitad del siglo anterior.

*Edificio del **Ateneo** de Montevideo, alrededor de 1900. Cortesía de la Biblioteca Nacional de Uruguay, Montevideo.*

El innovador, el intelectual, el artista

Figari, que ya tenía a principios de siglo un notable prestigio como hombre público, fue partícipe de la transformación sociocultural del país, no directamente como artista sino como un hombre de su tiempo interesado en todas las disciplinas que afectan a la sociedad y tienen que ver con el progreso material y espiritual del hombre. Asimismo fue socio y testigo de la evolución de la vanguardia cultural en general y no únicamente de la plástica. Parecería que el Uruguay, finalmente, podía colocarse dentro del concierto de naciones que en las Américas habían logrado un grado de civilización que no tenía nada que envidiarle a Europa. Desde Juan Manuel Blanes hasta Barradas, la pintura en el Uruguay había reflejado esa lucha por lograr nivelarse culturalmente con el viejo continente sin dejar de lado el carácter nacional, lo uruguayo propiamente dicho.

Pero había una asignatura pendiente. Faltaba un gran segmento del pasado, o al menos la parte más real del pasado. Si bien es cierto que Juan Manuel Blanes había pintado apoteósicamente las gestas más gloriosas y heroicas del Partido Blanco, esa gloria y ese heroísmo eran hasta cierto punto subjetivos. La solemnidad del *Juramento de los Treinta y Tres Orientales* o la visión incompleta del retrato de Artigas no habían sido captadas en cuerpo presente como Doña Carlota Ferreira. Si existía alguien elegido para completar ese pasado y validarlo de una vez por todas en el presente sin sentimentalismos ni simbolismos, sin alegorías, esa persona no podía ser otra que Pedro Figari.

Ahí radicaba la gran diferencia con Europa en el momento en que el Uruguay parecía encontrarse igualado con ella. "Hemos vivido encandilados con las maravillas del viejo mundo" diría Figari en 1932, "y esa actitud no se aviene con el espíritu de señorío y libertad que demanda un esfuerzo hondo, propio".

Había todo un pasado oculto, o por lo menos confuso, lleno de tradiciones maravillosas traídas por gentes de las más diversas razas, creencias, modales y convicciones, pero asimismo de contradicciones y traiciones, dicotomías e indefiniciones, y desigualdades sociales, educacionales y étnicas. Figari hurgaría intelectualmente en la memoria y el espíritu de ese pasado que materialmente estaba ya enterrado, y su obra pictórica daría comienzo a la configuración de un inventario que, con el espíritu nebuloso de su técnica, se reencarnaría en una realidad sorprendente.

Originalidad y legado de Figari

Muchas son las influencias tempranas que recibió Figari, desde los ángulos técnico, temático y conceptual. A las ya señaladas podrían añadirse otras como la obra del postimpresionista catalán Hermenegildo Anglada Camarasa, quien utilizaba los temas de la vida española en una forma pintoresca, y la de otro catalán, Joaquín Mir. Otra influencia citada con frecuencia en la pintura de Figari fue el uso del arabesco, que era un elemento estilístico de empleo corriente, parte del repertorio formal dejado por el *art nouveau* y las artes decorativas de finales del siglo XIX y comienzos del XX. Además, no habría que olvidar las experiencias de Figari en sus viajes a Buenos Aires, ni a París en 1886 y 1925, que sin duda le permitieron apreciar las nuevas propuestas de la pintura.

Independientemente de estas influencias hay aspectos fundamentales que son originales. Por un lado, se destaca el valor documental de la pintura de Figari como realidad cultural que determinó un modo de ser peculiar y un comportamiento social. Por otro lado, como el propio Figari señalara, su interés no era pintar "cosas" sino "sensaciones", por lo que la renovación tenía que ser "de concepto y forma a la vez". La pintura no podía convertirse en una especulación formalista, sino que tenía que servir para materializar la complejidad del espíritu humano, sin desligarla de la experiencia intelectual, que a su vez es otra sensación.

Aparte de sus valores plásticos, el conjunto de la obra de Figari recompone un complejo inventario de realidades. Ese inventario comprende desde la historia, con sus costumbres, códigos sociales y comportamien-

Vista de la muestra El Montevideo de Figari 1868-1938. *En el recuadro, un grupo de visitantes en la galería.*

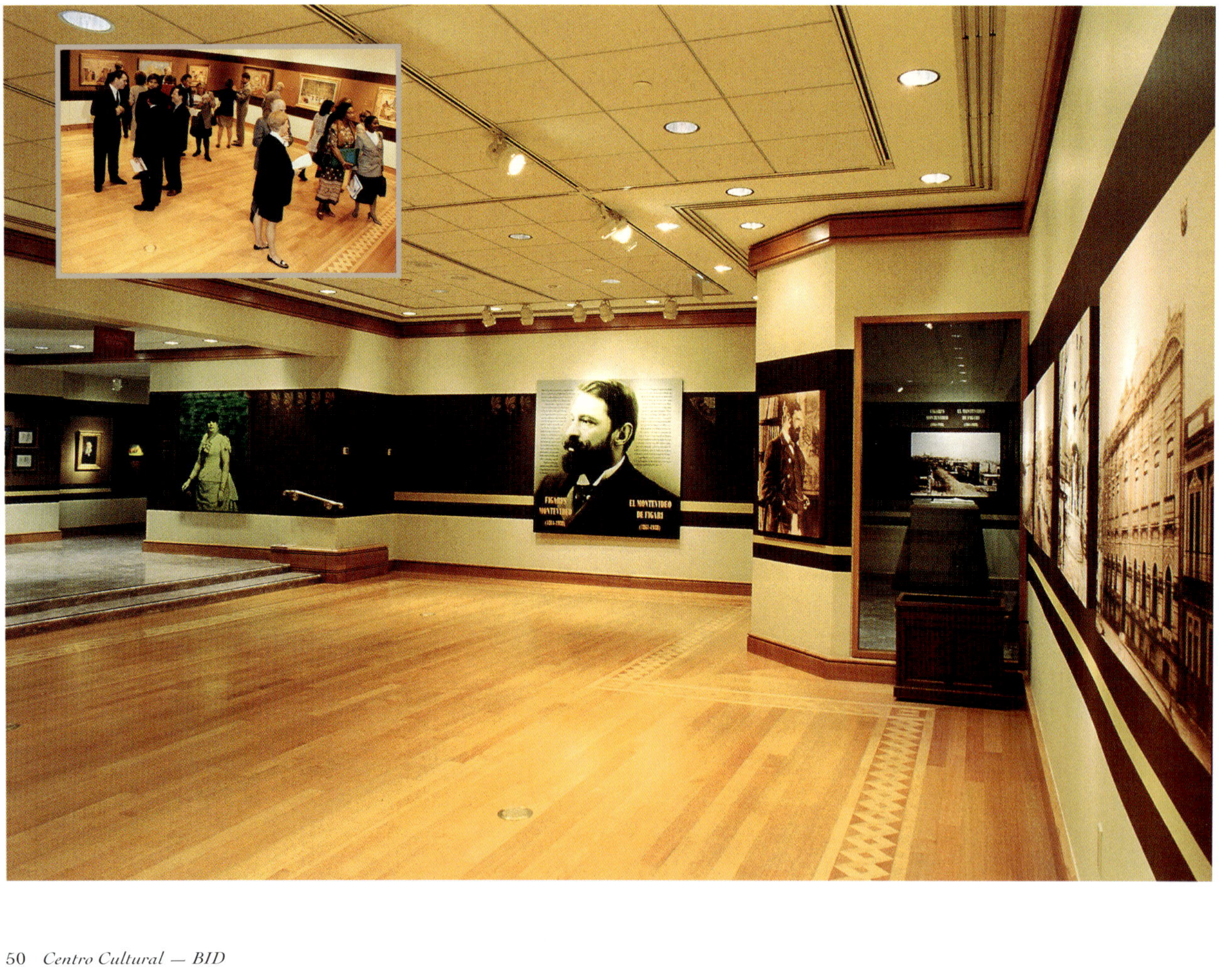

tos culturales urbanos y rurales, hasta la composición étnica de la población del Uruguay.

Un análisis de la obra de Figari planteado sólo en términos de sus aspectos plásticos —el manejo de la materia y el color, la pincelada, los efectos y la relación de todo ello con los movimientos europeos— puede que no resulte demasiado elemental y simplista, pero es definitivamente el sendero equivocado. Conociendo lo que hasta ahora conocemos de Figari, no es difícil entender que su obra pictórica, estudiada solamente desde dicho ángulo, no da las respuestas a las interrogantes que él mismo plantea. Intentar comprender (o explicar) un candombe, un entierro, un ombú de Figari sólo como imágenes temáticas dentro del contexto del devenir pictórico del Uruguay, o peor aún, de América Latina con relación al devenir de Europa, sin intentar asimilar y aprehender la complejidad del espíritu y el intelecto de su autor, es quedarse en la superficie sin penetrar en la profundidad que dicha pintura ofrece.

Aunque las artes en general se relacionan primariamente con los sentidos, la pintura de Figari en este caso no se queda en un mero marco visual. No debe olvidarse que el hombre posee un sinnúmero de cualidades que le permiten conectar la sensación de las imágenes con el cerebro, y la percepción con eso que se denomina espíritu, el que, dependiendo de la superación constante puede contribuir a convertirlo, día tras día, como Figari estuvo convencido, en un ser más noble y más auténtico.

***Pedro Figari y su esposa en París**, 1886. Colección de Gustavo Tejería, Montevideo.*

Panamá *13 de diciembre de 1995 a 2 de febrero de 1996*

Sesenta y dos objetos de carácter artístico y documental desde la época precolombina hasta el inicio de la segunda guerra mundial narraron la historia del istmo de Panamá hasta su consolidación como república en la exposición que se llevó a cabo durante la temporada de invierno 1995-1996.

Fue esta la primera exposición artístico-histórica sobre Panamá que se presentó en Washington. Los objetos provinieron del Museo de Antropología Reina Torres de Arauz, el Museo de Historia de Panamá, el Museo de Arte Religioso y las colecciones privadas del profesor Rodrigo Miró y Samuel Lewis.

La idea de esta exposición era dar una imagen de Panamá que en el exterior, y en particular en Washington, no se ha mostrado con frecuencia. Félix Angel es el autor del texto que se resume a continuación.

Panamá de lado a lado

La historia del istmo vista a través de su arte

Relieve en madera policromada de autor anónimo, con las imágenes de ***Santa Ana, San Joaquín y la Virgen Niña,*** *siglo XVIII, de 47,6 x 27,8 x 1 cm. Colección del Museo de Arte Religioso, Panamá.*

Desde los tiempos de los primeros asentamientos humanos, el istmo de Panamá ha sido siempre un lugar de vínculo interregional en las Américas. Actualmente lo cruzan barcos del mundo entero. Su posición geográfica y la ventaja que ofrece al acortar las rutas comerciales le han concedido un carácter estratégico, que desde la colonia española hasta nuestros días ha marcado el destino del país y el de otras naciones vecinas y la mentalidad de sus habitantes. Este contexto también determinó el surgimiento de las singulares e interesantes manifestaciones culturales que han tenido lugar a lo largo de la historia de Panamá.

El Panamá precolombino

A la llegada de los españoles, el istmo se encontraba densamente poblado y experimentaba la constante intervención de grupos indígenas vecinos. Los aborígenes de México, Nicaragua, las Antillas y Colombia intercambiaban productos o protagonizaban enfrentamientos en poblaciones como Natá, Parita, Antatara y Bocas del Toro.

Tres regiones definen los asentamientos culturales precolombinos en el istmo, cada una con expresiones, períodos y estilos propios, sobre todo en la práctica de la cerámica: la región central (estilo Conte), que comprende desde el río Bayano hasta los límites con las provincias de Chiriquí, y Bocas del Toro; la región occidental (estilo Chiriquí), que va desde las dos provincias mencionadas hasta el límite con Costa Rica, y la región oriental (estilo Miraflores), que va desde el río Bayano hasta la frontera con Colombia.

Aparte de estas tres regiones, existió en la zona central una civilización que creó esculturas en piedra volcánica (basalto) cuyo significado —similar a los moais de la Isla de Pascua— aún permanece en la oscuridad.

A partir del año 500 después de Cristo, los aborígenes panameños trabajaron el oro con técnicas aprendidas probablemente de algunas de las culturas de la vecina Colombia, en especial de la zona del Darién, con la cual Panamá comparte una frontera, y la tairona, sobre el Caribe, imprimiendo a los artefactos iconografías propias del istmo.

***Columna salomónica**, en madera policromada, de San Francisco de Veraguas, siglo XVIII, de 135 x 25 cm. Colección del Museo de Arte Religioso, Panamá.*

La conquista española

El conquistador español Rodrigo de Bastidas fue el primero en llegar, en 1501, a Panamá. Cristóbal Colón arribó a estas costas un año después, visitando las zonas de Portobelo, Veraguas y Bocas del Toro. En 1513 Vasco Núñez de Balboa divisó desde un cerro del Darién el Océano Pacífico, al que entonces se le llamó Mar del Sur por la dirección que seguían los expedicionarios.

Arquitectura y arte coloniales

En 1671 la ciudad de Panamá fue saqueada e incendiada por el inglés Henry Morgan, quien tres años antes había destruido Portobelo. La ciudad de Panamá había sido fundada en 1519. A raíz de este ataque, en 1673 la corte española autorizó el traslado de la ciudad al sitio donde se encuentra actualmente.Pero entonces habría de ser el fuego el que destruyera dos terceras partes de la ciudad nueva en 1737 y otra vez, con menores consecuencias, en 1756.

Resulta difícil por lo tanto determinar el carácter de los edificios que conformaban la ciudad antigua y la clase de riqueza que existió antes de estos sucesos. La mayoría de las obras de arquitectura y arte coloniales en Panamá datan de finales del siglo XVII en adelante. Se sabe, sin embargo, por los hallazgos realizados, que en la antigua Panamá existían hornos para la manufactura de mayólica, lo mismo que en Nombre de Dios. Algunas de esa piezas se presentaron en la exposición.

Durante la época en que el gobierno de Colombia intentó construir un canal con la compañía francesa de Ferdinand de Lesseps (que había construido el Canal de Suez), se levantaron en el centro de la ciudad algunos edificios que, aunque un poco deteriorados, todavía conservan el ecléctico encanto de *fin de siècle*. Posteriormente llegó la italiana, de la cual uno de los mejores paradigmas es el Teatro Nacional. También quedan unos pocos ejemplos de la arquitectura afroantillana, como el edificio del Museo Afroantillano de Panamá.

En contraste con la parquedad arquitectónica de los templos, el mobiliario de capillas e iglesias —como retablos, púlpitos, sillas y reclinatorios— es objeto de un trabajo artesanal más imaginativo.

La imaginería en sus tres variaciones —imágenes de bulto, imágenes de vestir y altorrelieves o medallones— fue una de las artes más importantes durante la Colonia en la América española, en particular por su utilización en ceremonias religiosas y en los hogares. De las tres variaciones, parece existir consenso en que la expresión más auténticamente panameña corresponde a los altorrelieves, de los cuales las selecciones incluidas en esta exposición —entre ellas La Santísima Trinidad— son bien representativas.

La platería por su parte prosperó durante el siglo XVIII, con varios talleres en Panamá y otras ciudades del istmo. El centellero o bugiario que se incluyó en la muestra denota, por las diferencias estilísticas de sus partes, la intervención de varias personas en su elaboración.

La participación africana

La llegada de la raza negra, sin embargo, revistió una importancia especial y se realizó en dos etapas. La primera ocurrió al inicio de la Colonia, cuando con carácter de esclavos los africanos fueron traídos primero por los españoles y luego por los ingleses para la explotación de las minas y la pesca de perlas, el trabajo en los ingenios y el servicio doméstico.

La segunda etapa, a principios del siglo XIX, consistió en inmigrantes provenientes de las Antillas. Como señala George W. Westerman en su libro *Los inmigrantes antillanos en Panamá* (Panamá, 1980), la colectividad afroantillana "se identificó con el istmo mucho antes del advenimiento de la República en 1903".

La fotografía

Todavía en sus balbuceos (fue inventada en 1831), la fotografía desempeñó un papel crítico en la época de la construcción del canal. A ella debemos imágenes que ha quedado como testigo y narrador de la historia de Panamá.

Las artes en Panamá al comienzo del siglo XX

Muchos artistas extranjeros dejaron a lo largo del siglo XIX testimonio de su paso por Panamá, entre ellos el cubano Wenceslao de la Guardia Fábrega y el ecuatoriano Carlos Endara A. De este último es la excelente vista de Panamá que se incluyó en la exposición.

El colombiano Epifanio Garay (1849-1903), considerado como uno de los precursores del arte panameño, estudió en París con los académicos de la época.

Sebastián Villalaz diseñó, junto con su hermano Nicanor, el escudo de Panamá, y su abundante producción pictórica se encuentra diseminada principalmente por Centroamérica, adonde frecuentemente viajaba en busca de comisiones y encargos. Aunque Villalaz fue discípulo de Garay, su pintura atrae más por su carga literaria, impregnada de planteamientos sociales y políticos, que por su habilidad técnica o estilo.

Con el nacimiento de la nueva República de Panamá, sin embargo, surgió la inevitable necesidad de clarificar la identidad nacional. Esta necesidad encontró expresión, entre muchas formas, en el diseño de la bandera patria, cuyo creador es un panameño ilustre y un tanto excéntrico, Manuel E. Amador (1869-1952).

Luego de estudiar en Estados Unidos, Amador ocupó varios cargos públicos gracias a la influencia de su padre, Manuel Amador Guerrero, líder del Partido Conservador en Panamá y uno de los más entusiastas promotores de la secesión. En el momento de proclamarse la República en 1903, en cuyo proceso había participado toda la familia Amador, fue don Manuel hijo quien diseñó la bandera.

Manuel Amador regresó a Nueva York en 1907 en calidad de cónsul, pero más tarde se dedicó de lleno a la pintura y asistió a la Escuela Independiente de Arte de Nueva York, de Robert Henri. Sus pinturas del período

Vista general de la muestra Panamá de lado a lado. *En primer plano (a la izquierda) aparece nuestra Señora de la Merced, pintura anónima del siglo XIX, de 94,5 x 76 cm. Museo de Arte Religioso de Panamá.*

muestran la influencia de este renovador del arte estadounidense, donde están presentes algunas de las audacias de los pintores fauvistas.

El profesor Rodrigo Miró, amigo del artista, en su excelente artículo titulado "Manuel E. Amador, un Espíritu sin Fronteras"(*Lotería*, marzo de 1965), dice: "Descontadas las preocupaciones padecidas inmediatamente después de su retorno, razones de temperamento apartaron a D. Manuel del público. Nunca se interesó por exhibir su pintura. Su arte fue privado ministerio, íntimo deleite, para su personal regodeo y el de sus fortuitos amigos, a quien donó generosamente sus creaciones". Más adelante añade: "Decir, además, que [su obra] no tuvo propósito plástico definido resulta extraño".

Contrastando con la oscuridad que reinó siempre alrededor de la obra de Amador se encuentra la presencia opalescente de Roberto Lewis (1874-1945). Miró continúa en el artículo citado diciendo de Lewis que fue "por cuatro décadas proclamado superficial e irresponsablemente maestro insigne, y tachado después, a la sordina y también de modo irresponsable, de convencional y anacrónico".

Lewis fue contemporáneo de Manuel E. Amador y como artista constituye la antítesis del segundo. Formado en la Escuela de Bellas Artes de París bajo la tutela de Leon Bonnat (como era la moda entonces), Lewis se convirtió en una especie de pintor oficial para las necesidades de la nueva República y la clase adinerada, realizando numerosos retratos al óleo, algunos bustos y —una de sus obras más famosas aunque no la más meritoria— las decoraciones del Teatro Nacional. Asimismo, fue el primer director de la Academia de Pintura en Panamá, fundada en 1913.

Uno de los alumnos más sobresalientes de Lewis fue Humberto Ivaldy. Al comienzo, Ivaldy emuló a su maestro ciegamente, aunque su dibujo y capacidad para manejar el espacio pictórico nunca superan la habilidad de Lewis. Su pintura, sin embargo, tiene un carácter más

Imagen de ***San Lorenzo****, escultura en madera originalmente policromada, anónima, de 113 x 38,34 cm. Colección del Museo de Arte Religioso de Panamá.*

vibrante, influenciado tal vez por una percepción postimpresionista que para 1939 estaba plenamente superada.

Para entonces la capital del país, la ciudad de Panamá, expandida y llena de pequeñas plazas con parques y esculturas conmemorativas, edificios de estilo *déco* y uno que otro más atrevidos, se encontró al comienzo de la segunda guerra, de nuevo, en un papel protagónico en relación con los destinos del continente. En el devenir histórico de las naciones americanas, Panamá ha sido y continuará siendo ese lugar por donde transita el mundo entero.

Rogelio Novey, Director Ejecutivo Suplente por Panamá y Venezuela, inaugura la exposición Panamá de lado a lado. *Le acompañan Maruquel Boyd de Arias, Embajadora de Panamá (a la derecha), Muni Figueres y Ana María Coronel de Rodríguez (a la izquierda).*

Vista parcial de la exposición Panamá de lado a lado, *con la estatua de San Lorenzo en primer plano.*

Argentina *29 de febrero a 26 de abril de 1996*

La exposición fue un tributo del BID a la ciudad de Buenos Aires y a Argentina en ocasión de la realización en la misma ciudad de la XXXVII Asamblea Anual de Gobernadores.

La muestra reunió ochenta y cuatro pinturas, esculturas, objetos utilitarios y decorativos, detalles arquitectónicos, fotografías y postales del período pertenecientes al Museo Nacional de Bellas Artes, el Museo Nacional de Arte Decorativo, el Museo de la Ciudad de Buenos Aires, el Museo de Arte Hispanoamericano Isaac Fernández Blanco y el Museo de Artes Plásticas Eduardo Sívori, todos de la capital argentina.

En el siguiente texto de Félix Angel se describe la exposición.

Qué tiempos aquellos ...
Vida y cultura en Buenos Aires 1880-1920

Puente Alsina *(principios del siglo XX), de Pío Collivadino (Argentina, 1869-1945), óleo sobre tela de 115 x 150 cm. Colección del Museo de Artes Plásticas Eduardo Sívori, Buenos Aires.*

Capital abierta a Europa

Tras siete décadas de inestabilidad política y enfrentamientos armados, en 1880 nace el equilibrio entre Buenos Aires y el resto de las provincias, y Argentina designa a la ciudad de Buenos Aires como su Capital Federal. Una vez federalizada la provincia de Buenos Aires, se logra la unificación geopolítica del país, a partir de la cual se consolida la organización institucional, el Estado nacional hace su aparición y comienza a gestarse una época de progreso que ubicará a Argentina como el país más avanzado de América del Sur hacia el centenario de la Revolución de Mayo en 1910. Buenos Aires, símbolo entonces de prosperidad económica, refinamiento y apertura cultural, adquiere un ritmo de vida sin precedentes en la América hispana.

Los dos pilares sobre los que se sustentó aquella transformación fueron la educación y la inmigración. Sarmiento, presidente de la República entre 1868 y 1874, fue un ferviente partidario de "educar al soberano". "Es necesario hacer del pobre gaucho un hombre útil a la sociedad. Para eso necesitamos hacer de toda la República una escuela" fueron las palabras con que asumió la presidencia. Esta idea, que Sarmiento empezó a poner en práctica al inaugurar más de 700 escuelas durante su presidencia, se vio complementada a principios de la década de 1880 con la promulgación de la ley 1420 que establecía a la educación primaria obligatoria, gratuita y laica[1]. Este énfasis en la educación, junto con la apertura del sistema político generada por la ley del voto secreto y obligatorio (de 1912) y las transformaciones sociales impulsadas por Hipólito Yrigoyen (1852-1933), es el que permitirá la posterior aparición de la clase media en Argentina. De este modo, al terminar la primera guerra mundial se afirmó un nuevo esquema sociopolítico que influiría en el planeamiento urbano (con medidas como el loteo) y daría por terminado el período de ostentosa urbanización.

La inmigración fue la otra política que, por su magnitud e importancia, distinguió a Buenos Aires del resto de las capitales latinoamericanas (de los casi ocho millones de habitantes que había en Argentina en 1914, la tercera parte eran extranjeros). En este punto Sarmiento y Alberdi coincidían en su desprecio por la herencia colonial española. En *Civilización y barbarie*, Sarmiento condena como "barbarie" a la tradición hispana y a la indígena (las cuales, en su opinión, fueron responsables del caudillismo y las montoneras federales que dieron lugar a 70 años de inestabilidad) y ensalza como "civilización" a la cultura urbana europea. Se entiende entonces que tanto Sarmiento como Alberdi fuesen partidarios de la inmigración europea (en especial la anglosajona) como fórmula para alcanzar el desarrollo en base al progreso material. En 1852 Alberdi publicó *Bases y puntos de partida para la organización política de la República Argentina* (Buenos Aires, Plus Ultra, 1981), donde define las ventajas de este tipo de inmigración: "Europa nos traerá su espíritu nuevo, sus hábitos de industria, sus prácticas de civilización, en las inmigraciones que nos envíe [...] ¿Queremos plantar y aclimatar en América la libertad inglesa, la cultura francesa, la laboriosidad del hombre de Europa y Estados Unidos? Traigamos pedazos vivos de ellas en las costumbres de sus habitantes y radiquémoslas aquí".

*Pintura de Fernando Fader (Argentina 1882-1935), titulada **Fin de invierno**, de 100 x 120,5 cm, que muestra la dirección que comenzó a tomar la pintura argentina después de los años veinte. Colección del Museo Nacional de Bellas Artes, Buenos Aires.*

[1] El primer censo nacional realizado desde la Revolución de Mayo de 1810 reveló que en 1869 el índice de analfabetismo llegaba al 82% de la población, índice que para 1914 había descendido al 35%.

Florecen las artes plásticas

En este campo, hacia 1880 primaban las obras de artistas extranjeros, aunque durante la dominación colonial española y los primeros años de vida republicana existieron varios precursores locales que practicaron la pintura y las artes gráficas con fines conmemorativos. Los más destacados fueron los franceses Carlos Enrique Pellegrini (1800-1875), Augusto Monvoisin (1790-1870), Amadeo Grass (1805-1871), Juan Leon Palliere (1823-1887), los italianos Lorenzo Fiorini (1800-1855), Ignacio Manzoni (1797-1888), el alsaciano Adolfo D'Hastrel (1805-1875) y el uruguayo Juan Manuel Blanes (1830-1901).

Posteriormente llegó una nueva camada de artistas argentinos, destacándose Carlos Morel (1813-1894), Fernando García del Molino (1813-1899), Juan L. Camaña (1800-1878), Martín León Boneo (1829-1915) y Prilidiano Pueyrredón (1823-1870). Algunos se formaron en Italia (Florencia y Roma), otros en Francia, mientras que unos pocos, como Camaña, fueron autodidactas.

No sería hasta el final del siglo XIX, y en los veinte años siguientes, que los primeros artistas formados al estilo de la "academia" propiamente dicha harían su aparición en Argentina, como el escultor Lucio Correa Morales (1852-1923) y los pintores Eduardo Sívori (1847-1918), Angel Della Valle (1852-1903), Eduardo Schiaffino (1858-1935), Emilio A. Caraffa (1862-1939), Martín A. Malharro (1865-1911) y Ernesto de la Cárcova (1867-1927), entre otros, y más tarde Fernando Fader (1882-1935), educado en Alemania quien, traería al arte argentino una impronta postimpresionista, convirtiéndose por ello en un pintor diferente a los mencionados anteriormente.

Por su estilo, todos estos artistas se ubican dentro de corrientes postneoclásicas y románticas. Acogidas tardía y eclécticamente en América Latina, estas corrientes alcanzaron su máxima expresión por medio del género histórico, el retrato —como es el caso de los retratos del matrimonio Calzadilla, ejecutados por Prilidiano Pueyrredón— y, con el advenimiento del realismo, el naturalismo y sus variaciones, como el realismo social, en el costumbrismo, para lo cual podría servir de ejemplo *La doma* de Angel Della Valle.

En ambos casos las obras reflejan, por un lado, la exaltación de aspectos del "carácter nacional", que por entonces parecía idealizar las tradiciones creadas como producto de la sincretización de la cultura colonial con otras más locales. Por otro, a medida que el siglo avanza y llega a su fin, se observa el contraste del arte criollo con el de las nuevas generaciones que, puestas al servicio de la oligarquía porteña, habían abandonando parcialmente las imágenes que antes traslucían la personalidad del caudillo o el estanciero, o al menos sus gustos. Incluso la producción artística —como en el caso de Della Valle— se plegó sin dificultad al gusto de la nueva clase. Della Valle ejecutó varios paneles para la casa del matrimonio amigo Lagleyze, donde la literatura aparece representada en forma alegórica, sirviendo como telón de fondo al grupo que posa vestido a la europea.

Carátula de la partitura del tango milonga Cara Dura, que formó parte de la exposición. Colección del Museo de la Ciudad de Buenos Aires.

Ya en las postrimerías del siglo XIX el arte apunta a satisfacer un gusto sofisticado pero híbrido que se expresa con el gaucho, la pampa y el ganado o con escenas militaristas, mientras se bebe mate en recipientes de plata repujada en los salones de las flamantes mansiones afrancesadas en estilo *beaux art*, abarrotadas de alfombras, muebles, estatuas, lámparas y cientos de detalles arquitectónicos y decorativos que respetaban fielmente los mejores modelos originales de Europa. Esta atracción por la moda vigente en el viejo continente quedó también reflejada en el muestrario de exquisitas mercancías importadas que ofrecían tiendas como Gath y Chaves. Aquí conviven el espíritu estanciero con el del inmigrante, juntos y unidos en una misma —aunque nueva— manera de sentir.

Si bien ya existía desde 1876 una sociedad de estímulo a las bellas artes, que posteriormente daría origen a la Academia, antes de que el siglo concluyera sucedieron dos hechos que fueron fundamentales para el afianzamiento de los artistas nacionales. Uno consistió en la creación, en 1892, del Ateneo, agrupación cultural formada por intelectuales y artistas de Buenos Aires con la idea de "purificar" y estimular el ambiente cultural local. El Ateneo organizó numerosas exposiciones que fueron precursoras del Salón Anual, inaugurado en 1911. El otro fue la Colmena Artística, con similares intereses aunque más heterogénea en su composición. Varios artistas, como Angel Della Valle, pertenecieron a ambas agrupaciones.

El descubrimiento de los pintores españoles de tendencia "modernista" fue otra influencia importante en el gusto de la oligarquía porteña, al igual que Auguste Rodin (1840-1917) y su alumno Antoine Bourdelle (1861-1929) en escultura. Este desfase no deja de ser curioso por cuanto lo que gustaba de la obra de los españoles era la parte más convencional; por ejemplo, el retrato. De los escultores, en cambio, fascinaba su expresión

Vista parcial de la exposición Qué tiempos aquellos: vida y cultura en Buenos Aires 1880-1920.

innovadora, aunque quizás ambos atrajesen más por lo que pudiesen tener de superficial en su trabajo. La validez e influencia estilística de ambas tendencias quedaría ratificada en la famosa Exposición del Centenario (1910). En ella España tuvo un pabellón entero con una fuerte representación artística que incluía a Hermenegildo Anglada Camarasa (1871-1959) y Joaquín Mir (1873-1940).

Desde muchos años antes, sin embargo, la pintura española había creado su propio mercado en Buenos Aires gracias a empresarios interesados en el comercio del arte. Don José Artal —a quién más adelante Alfonso XIII le conferiría el título de conde— fue uno de los más activos, organizando entre 1897 y 1913 veinticuatro exposiciones de artistas españoles, destacándose la presencia de Pablo Picasso entre 1901 y 1905. Joaquín Sorolla y Bastida (1863-1923) era quien acaparaba la mayor atención, aunque no precisamente con sus telas resplandecientes en donde la forma casi se descompone por los efectos de la luz. De su mano es el extraordinario *Retrato de Doña Josefina de Alvear de Errázuriz*, que adorna el *foyer* del Palacio Errázuriz, sobre la Avenida del Libertador. Doña Josefina, que se hubiera sentido muy a gusto entre la nobleza europea, era nieta del famoso General José María de Alvear, cuya estatua ecuestre fue realizada por Antoine Bourdelle.

El monumento al General Alvear está en la Plaza Intendente Alvear, todavía con imponencia decimonónica, cerca del cementerio de la Recoleta. En la misma zona, no muy lejos, hay otras dos obras de Bourdelle, *El centauro herido* y *El arquero* (Heracles). En la Plaza Lorea se encuentra *El pensador*, y en Palermo[2], la estatua de Domingo Faustino Sarmiento, ambas de Rodin. Del mismo autor es el modelo que elaboró en escala para la chimenea del Gran Salón del Palacio Errázuriz, que nunca se llegó a realizar. El espacio urbano exterior del Buenos Aires aristocrático se fue convirtiendo a su vez en un espejo del espacio interior, donde las mismas obras en versiones de salón hallaron su lugar mucho antes en las mansiones, llegadas en los cargueros franceses con los Carpeaux y los Bourguereau.

Envases de la época que reflejan el gusto de los porteños por lo europeo.

Algunas de esas obras, donadas por descendientes de los coleccionistas originales, forman parte de la colección del Museo Nacional de Bellas Artes, una de las pocas instituciones en Sudamérica con un número considerable de trabajos de artistas europeos del período. El museo se encuentra en el mismo barrio de algunas de las antiguas residencias donde dichas obras estuvieron originalmente.

La escultura académica, como la pintura, tuvo sus representantes nacionales y reviste, desde varios ángulos, una impronta menos personalista, de carácter más populista y nacionalista. El *Canto al trabajo*, de Rogelio Yrurtia (1879-1950), es en realidad un fragmento de estudio de la versión monumental que se realizó para la Avenida Paseo Colón (con Independencia). El talento de este autor puede apreciarse a otro nivel en el *Retrato del Señor Don Manuel Dorrego*. Alberto Lagos (1885-1960), autor de *Volupté*, realizó asimismo numerosos monumentos, como el de Jorge Canning en la Plaza Británica, el de Amado Nervo en el Parque 3 de Febrero y *El arquero*, en versión criolla, que se encuentra en la Plaza República de Chile.

[2] Fue el presidente sanjuanino quien en 1874, un año antes de la inauguración del Parque de Palermo, pronunció una encendida defensa del gran pulmón de Buenos Aires: "En medio del asombroso desarrollo de la ciudad de Buenos Aires, cuyos suburbios se confunden al sur con Barracas y por el oeste con San José de Flores, échase de menos un parque que el Bois de Boulogne y Hyde Park o el Central Park de Nueva York ofrecen no sólo a las clases acomodadas y al extranjero, sino a millones de artesanos y sus familiares que encuentran en el ejercicio y en el espectáculo de las bellezas naturales, convencidos por el arte, solaz a sus tareas diarias y recreo provechoso para la salud".

Dado el elevado número de esculturas conmemorativas y otros monumentos públicos levantados en Buenos Aires (unos 300), puede deducirse —aun sin contar las comisiones privadas— que en su momento existió un voraz apetito por esta forma de expresión en las esferas oficiales, políticas y diplomáticas. Pero para apreciar la escultura académica en todo su mórbido delirio y grandilocuencia, el caminante debe visitar el cementerio de La Recoleta, donde los mausoleos se disputan uno pegado al otro el terreno, testificando al mismo tiempo con su verticalidad y la bizarría de las representaciones alegóricas el abolengo criollo y el derecho al cielo, como si fuese una gran fiesta de personajes elegidos que se apresuraron a morir todos juntos para que no quedase duda de su condición de clase.

La estampa de una época

El Buenos Aires de hace un siglo —su gente y manera de vivir— brillaba con luces propias que emularon abiertamente y sin ningún complejo no sólo la parte física sino la intelectual y mundana de los centros urbanos europeos, y ocupó, durante el período aquí considerado, un lugar privilegiado en las Américas.

Pero sobre todo, permanece en Buenos Aires un aire mundano que diferencia la manera de ser de los porteños no sólo de otros ciudadanos de su propio país sino del continente. Naturalmente, ello puede que no aparezca con la misma claridad y contundencia del carácter que, a juzgar por sus vestigios, la ciudad debió tener hasta que otros acontecimientos intervinieron en su devenir.

Otra vista parcial de la exposición.

Nicaragua *15 de mayo a 3 de julio de 1996*

Coincidiendo con el cuarto aniversario de su creación, el Centro Cultural del BID presentó en su galería de arte una exposición de setenta y cuatro obras de cerámica de Nicaragua, que incluyó treinta piezas prehispánicas (de la colección del Museo Nacional de Nicaragua) y cuarenta y cuatro contemporáneas (algunas de ellas comisionadas directamente a los artesanos). Las cerámicas estuvieron complementadas por cuatro metates (mesas ceremoniales de piedra) fuera de catálogo.

Edgar Espinoza Pérez y Félix Angel son los autores del texto que sigue.

De tierra y fuego

Cerámica prehispánica y contemporánea de Nicaragua

***Vasija esférica con salvilla**, con decoración inspirada en motivos precolombinos, de autor anónimo de la población de San Juan de Oriente, Nicaragua, 15 x 12 cm.*

La primera historia de Nicaragua: una perspectiva arqueológica

Al abordar el tema de las primeras sociedades que habitaron Nicaragua, hay una tendencia a limitar el análisis a los grupos que los españoles describieron en el siglo XVI, como los chorotegas, los nicaraos y los chontales. Eso ha llevado a la conclusión errónea de que estos grupos fueron siempre los habitantes autóctonos, cuando en realidad el territorio nicaragüense fue ocupado desde tiempos mucho más remotos, dando lugar a largos procesos de desarrollo social.

Si bien las investigaciones arqueológicas que se han llevado a cabo en la región durante la segunda parte de este siglo han arrojado un poco de luz sobre este campo, todavía persisten grandes vacíos de información. Seguidamente intentaremos reseñar lo que se sabe acerca de las sociedades precolombinas de Nicaragua.

La evolución cultural

Al igual que la mayor parte de Centroamérica, Nicaragua pertenece al área arqueológica denominada "Intermedia", que abarca casi todo El Salvador y Honduras, y la totalidad de Costa Rica y Panamá.

Las condiciones ecológicas permitieron la explotación de diferentes recursos naturales, dando lugar a sociedades autosuficientes que realizaban intercambios con otros pueblos aborígenes. Sin duda la cerámica prehispánica denota influencias expresivas que permiten concluir que las gentes precolombinas de Nicaragua estuvieron siempre en constante interacción con sus vecinos, razón que, por otra parte, no impidió el desarrollo de formas de expresión particulares de la zona.

El proceso de evolución de la región que ocupa Nicaragua ha sido dividido en los seis períodos que se describen a continuación.

Períodos I, II, III (hasta 2000 a. C.)

El período I corresponde a los primeros grupos que llegaron a América por el estrecho de Bering. Se piensa que estas comunidades, dedicadas a la caza y la recolección de frutos, desconocían aún los rudimentos de la agricultura y la alfarería.

*Arriba, **recipiente policromado de tres soportes,** de 11,5 x 20 cm, que data del período de 800 a 1350 d.C. Abajo, recipiente policromado con base colada, de 11 x 18,5 cm, del período de 500 a 800 d.C. Colección del Museo Nacional de Nicaragua.*

Período IV (2000 a. C. hasta el año 500)

Recientemente, en las orillas de la laguna de Tiscapa en Managua, se descubrió un complejo cerámico perteneciente a este período. Si bien no hay mucha información sobre esta cultura, el análisis de las piezas halladas demuestra que estos grupos dominaban bien las técnicas de alfarería.

Los platos de cerámica, en particular, han sido objeto de considerables estudios arqueológicos.

Período V (500-1000)

Este período está marcado por un aumento en la población y una mayor estratificación social en todo el país, además de una ampliación de los intercambios regionales, aunque entre algunos grupos, principalmente en el Atlántico, los contactos continuaban dispersos. En la zona del Pacífico perteneciente a la región de Gran Nicoya, en los primeros siglos parece darse una suerte de continuación de las tradiciones anteriores. Después del año 500, empero, se observan muchos cambios en la elaboración de la cerámica, principalmente en los diseños, que denuncian una influencia de policromos hondureños.

Período VI (1000-1600)

En el área Gran Nicoya este período se caracteriza por la introducción de una gran variedad de cerámicas de engobe blanco, innovación posiblemente ligada al "arribo" de grupos chorotegas provenientes de Soconusco, en Chiapas. Por esta época comienza a surgir un tipo de escultura monumental, particularmente en las islas Zapatera, Ometepe y Panzacola en el lago de Nicaragua y Momotombito en el lago de Managua, así como en las planicies de León. Estas esculturas representan a seres humanos acompañados de un grupo reducido de animales tales como lagartos, monos y serpientes. La mayoría de estas obras están asociadas a montículos funerarios, principalmente de Zapatera.

Entre los años 1400 y 1600, la cerámica policromada casi desaparece de la costa pacífica, dando paso a una cerámica mal cocida con decoración incisa, en tanto que los sitios arqueológicos tienden a ser más grandes, con varias plazas. Se ha conjeturado que estos cambios podrían deberse a la llegada de otras culturas, especialmente del Atlántico.

La cerámica popular actual en Nicaragua

En los últimos 15 años, la práctica de la cerámica a nivel popular ha resurgido en Nicaragua con una intensidad posiblemente comparable a la de los tiempos precolombinos.

Al igual que en el pasado remoto, la mayoría de las manifestaciones artísticas que en Nicaragua utilizan el barro se encuentran localizadas en la zona del Pacífico, en San Juan de Oriente (cerca de Masaya, sobre la carretera a Granada, conocida también como San Juan de los Platos) y en La Paz Centro (sobre la carretera a León). Hay otras, sin embargo, como la región de Estelí y la isla Zapatera.

Existen elementos formales y técnicos que diferencian la producción cerámica de cada uno de estos lugares. Por ejemplo, en la zona de San Juan de Oriente, tal vez la más desarrollada, no es infrecuente encontrar entre los artesanos el uso del torno, además de una gran variedad de engobes a base de óxidos que pueden adquirirse en la cooperativa local. Por lo mismo, la decoración de las piezas es policroma, en una gama más amplia que la de La Paz Centro o la de Estelí, donde básicamente se utilizan colores derivados de las arcillas naturales de la zona. Aunque en casi todos los casos la forma es bastante simple y proviene de una función utilitaria —sobre todo en San Juan de Oriente—, en La Paz Centro existe una preferencia por la cerámica figurativa, con fines estrictamente decorativos, como es el caso de María Amanda Guzmán Guerrero, la autora del arcángel y otras piezas que se incluyeron en la muestra.

Un caso excepcional, aunque no único, lo constituye Helio Gutiérrez, artesano de San Juan de Oriente. Perteneciente a una familia de artesanos, Gutiérrez —quien no terminó todavía la escuela primaria— ha introducido una serie de recursos antiguos, casi olvidados, que han sido adoptados por colegas suyos en el área; por ejemplo, el uso de la incisión poco profunda, suficiente para recoger en su interior otro engobe, por lo general blanco, que al quemar de nuevo la pieza imprime al diseño su característico acabado lineal.

Un caso similar es el de Agustín Amador, quien demuestra una imaginación menos ortodoxa tanto en la concepción del volumen como en el tratamiento de la decoración, inclinándose en el momento por temas figurativos relacionados con elementos descriptivos de la naturaleza, como aves y frutas.

Al comparar las piezas de Gutiérrez y Amador con las de otros ceramistas de la misma zona, se torna irremediable la necesidad de establecer, así sea en forma un tanto inexacta por la cercanía de ambas caracterizaciones, la distinción entre el artesano y el artista popular. Indiscutiblemente, la diferencia radica en el aporte de uno u otro a la expresión popular. Mientras algunos la enriquecen en lo formal, en lo expresivo y en lo técnico, otros, cuya habilidad es básicamente manual, se concentran en la manufactura de una pieza específica, repitiéndola una y otra vez. Además, como en toda disciplina, la práctica establece niveles, y ello se reflejó intencionalmente en la selección realizada para esta exposición, que abarcó ejemplos diversos de lo meramente artesanal a lo artístico.

La cerámica popular producida hoy por los alfareros nicaragüenses posee todas las características de una expresión única, consustanciada con su pasado precolombino. Como sucede a menudo con los volcanes, la expresión artística ha despertado de un prolongado letargo con una fuerza e intensidad inesperadas. La vitalidad de la cerámica prehispánica parece haber permanecido latente en la sensibilidad de algunos individuos. Su surgimiento abrupto reviste gran importancia para el mundo del arte, dado que representa una transformación en cuanto a las maneras con que el hombre desdobla y reinventa constantemente su experiencia para enriquecimiento del espíritu. Es de esperar en este caso que los artistas y todo el pueblo de Nicaragua puedan nutrirse de una manifestación que hace eco, así sea débilmente, de voces perdidas, planteando al mismo tiempo numerosas posibilidades de progreso para el futuro.

Vista general de la exposición De tierra y fuego: cerámica precolombina y contemporánea de Nicaragua.

Costa Rica *12 de junio a 1 de septiembre de 1996*

Los Museos del Banco Central de Costa Rica llevaron a San José una exposición de 47 obras gráficas de la colección del Banco Interamericano de Desarrollo.

La exposición, que incluyó obras de 33 artistas de 12 países, se hizo a invitación de la directora de los Museos del Banco Central, Licenciada Dora María Sequeira. Fue la primera exposición internacional organizada conjuntamente por los Museos del Banco Central del Costa Rica y el Centro Cultural el BID. Para el Centro, a su vez, constituyó, la primera exposición itinerante internacional con obras de la colección del BID.

La curadoría de la exposición estuvo a cargo de Félix Angel, del Centro Cultural del BID, e Ileana Alvarado, de los Museos del Banco Central.

América en la gráfica:
obras de la colección del Banco Interamericano de Desarrollo

***Campesinos** (1980), litografía en color de Francisco Zúñiga (Costa Rica, 1912), 16/125, de 70,4 x 50 cm.*

Desde tiempos prehistóricos el hombre ha utilizado el grabado para dejar testimonio de sus diferentes preocupaciones. Los estudios arqueológicos revelan que los grabados primitivos fueron elaborados con un instrumento incisorio sobre huesos, piedras u otros materiales perdurables a fin de decorar objetos. La evolución de la técnica llevó a la utilización de planchas de madera con diseños decorativos para estampar tejidos en el caso de los egipcios, y para realizar textos en el caso de los chinos. Se tiene además conocimiento de que, en el siglo XIII, Corea ideó el primer sistema de impresión de textos con caracteres móviles de madera.

En las Américas, las civilizaciones precolombinas realizaron sus propios avances en las técnicas de reproducción de imágenes sobre diversos materiales y algunos pueblos utilizaron planchas de piedra o arcilla grabadas para decoraciones corporales y adornos de utensilios.

El invento del papel, sumado al uso de matrices xilográficas —muy popular en Italia durante el siglo XIII—, sistematizó la gráfica en Europa, pero fue recién en el siglo XV que alcanzó una importancia de grandes repercusiones culturales. En efecto, con la difusión de la imprenta, creada en el viejo continente por el maguntino Johannes Gutenberg (1440), las técnicas tradicionales fueron reemplazadas por el procedimiento tipográfico con caracteres intercambiables. Durante este siglo el grabado alcanzó un gran nivel técnico y artístico, con grabadores de la talla de Durero (1471-1528). Más adelante algunos artistas, como Rembrandt (1606-1669), utilizaron el grabado en metal como medio para obtener nuevos logros dentro de su investigación plástica, con originales resultados de tipo expresivo reflejados especialmente en el claroscuro. Sin embargo, el grabado continuó siendo básicamente un proceso de tipo artesanal hasta la invención de la litografía, en 1796.

El talento del español Francisco de Goya y Lucientes (1746-1828) y su espíritu de renovación quedaron reflejados en series como *Los desastres de la guerra* y *Los caprichos*, realizados al aguafuerte. Su obra transformó el sentido del trabajo gráfico, superando la proliferación de las técnicas gráficas de producción masiva, a menudo de dudosos resultados, inspiradas en el particular gusto de la burguesía. Al separar el arte de sus fines más elementales, Goya estableció un nuevo contexto artístico, elevándolo a la categoría de un arte con gran poder de significación visual y arma crítica.

Risas Nº 6 *(1972), aguafuerte de Juan Antonio Roda (España, 1921, vive en Colombia desde 1962), 8/20, de 64,8 x 48,4 cm.*

La Revolución Industrial del siglo pasado obligó a muchos creadores a reconsiderar el objetivo y la función del arte a todo nivel. Es un momento histórico en el cual se duda de la compatibilidad entre la "pureza" artística de un objeto y su producción en masa con fines comerciales, que justifica muchas veces su "vulgaridad" en base a la función que debía prestar.

La finalización del dominio colonial y las nuevas realidades sociopolíticas dieron a la mayor parte de la gráfica latinoamericana un auge científico inusitado, aunque no restringido solamente a ese campo. Fue en esta época que el mexicano José Guadalupe Posada (1852-1913) dejó como legado una original obra gráfica de significación universal que serviría de arquetipo para futuras figuras, entre ellas el muralista Diego Rivera (1887-1957).

Zapata (1932), *litografía de David Alfaro Siqueiros (México, 1896-1974), 7/55, de 51,4 x 58,7 cm.*

Zapata (1932), *litografía de Diego Rivera (México 1886-1957), 85/100, de 41,9 x 34,5 cm.*

El advenimiento de la vanguardia como recurso de los intelectuales para oponerse al conformismo de la masa —promovido por los mecanismos de producción y el mercado dirigido a la sociedad de consumo— produjo una escisión definitiva entre el uso de las técnicas gráficas con fines comerciales y su contraparte, la utilización con fines artísticos para avanzar en la expresión formal y el enriquecimiento de la imagen. Más tarde ambos planteamientos aprovecharon la validez de sus respectivas intenciones y terminaron —sobreviviendo hasta la fecha— influenciándose mutuamente.

En América Latina, el primer país en sistematizar el uso de la gráfica con fines artísticos orientados hacia la masa fue México, con su Taller de Gráfica Popular, que en cierta forma aglutinó a las dos primeras generaciones de muralistas, convirtiéndose luego en el vehículo visual con que la escuela mexicana condujo su discurso retórico-político. Sin embargo, desde el siglo XIX, en la Academia de San Carlos en la ciudad de México, el grabado al buril en particular era ampliamente practicado como parte de la educación técnico-artística. En otros casos posteriores, como el de Venezuela al final de la década del cuarenta o el de Puerto Rico en los años cincuenta, el grabado fue utilizado por creadores de toda una generación con el objetivo de dilucidar un cuestionamiento de la identidad cultural. Asimismo, en Estados Unidos durante los años cincuenta, pero sobre todo en los sesenta con el apogeo del arte pop, el grabado alcanzó un nivel técnico y de mercadeo nunca visto anteriormente. Por razones similares, aunque en dirección opuesta, en Colombia, a partir del inicio de los años setenta, los artistas masivamente utilizaron técnicas gráficas como una alternativa frente a la internacionalización y los altos costos del arte tecnológico, expresando en ediciones múltiples los altibajos y desniveles de la compleja estructura sociocultural del país.

Aguafuerte en color, sin título, del mexicano Javier Arévalo, 37/100, de 61 x 48,5 cm.

El ingenio de los artistas de América Latina ha permitido que en esta región las técnicas gráficas se hayan enriquecido notablemente. Los procedimientos gráficos permitieron la difusión de propuestas artísticas que de otra forma hubiera sido muy difícil dar a conocer.

"América en la gráfica: obras de la colección del Banco Interamericano de Desarrollo" fue una prueba sólida de la madurez alcanzada por los artistas del continente en la utilización de las técnicas gráficas y de su extraordinaria variedad visual. Representó, desde otro punto de vista, la agudeza con que el Banco ha sabido valorar el talento de algunos de los artistas más prominentes de su género.

Estados Unidos *27 de septiembre a 8 de noviembre de 1996*

Con este sugestivo nombre se bautizó la exposición organizada por el Centro en nombre del BID para conmemorar los ciento cincuenta años de existencia de la Institución Smithsonian. La cooperación científica que la Smithsonian ha mantenido con América Latina durante un siglo y medio constituyó el tema de la muestra. La exposición fue un esfuerzo conjunto del Centro Cultural y la Oficina del Consejero de Asuntos Latinoamericanos del Secretario de la Smithsonian. Félix Angel preparó la síntesis del texto del catálogo que se ofrece a continuación.

Expediciones:

150 años de investigación científica de la Institución Smithsonian en América Latina

Ilustración del libro de Carlos Nebel Viaje pintoresco y arqueológico sobre la parte más interesante de la República Mejicana *(París y México, 1890)*

La exposición titulada "Expediciones: 150 Años de investigación científica de la Institución Smithsonian en América Latina" se inauguró en Washington el 30 de septiembre con ochenta y ocho objetos en catálogo y tres fuera de él, entre los que se contaron cerámicas precolombinas, calabazas decoradas, figuras en piedra tallada, aves exóticas, fotografías originales, libros, cartas, notas y diarios, relacionados con las numerosas expediciones que la Institución Smithsonian ha realizado con el propósito de explorar América Latina.

"Expediciones" fue un proyecto conjunto del Centro Cultural del BID y la Oficina del Consejero de Asuntos Latinoamericanos del Secretario de la Institución Smithsonian, con el fin de conmemorar los 150 años de cooperación científica entre la Institución Smithsonian y América Latina. En la presentación del catálogo, Ana María Coronel de Rodríguez, Directora del Centro Cultural del BID, y Miguel A. Bretos, Consejero de Asuntos Latinoamericanos del Secretario de la Smithsonian, dijeron que "la colaboración en este proyecto ha sido una extraordinaria experiencia tanto para la Institución Smithsonian como para el Banco Interamericano de Desarrollo y su Centro Cultural. En cierta forma ha sido otra expedición, una búsqueda de riquezas insospechadas. El esfuerzo ahora pertenece al público. Como la Smithsonian, podrá ser compartido por todos aquellos que cruzan sus puertas".

La exposición describió la relación de trabajo que ha existido entre América del Norte y del Sur desde que se fundó la Institución Smithsonian en 1846. En el último siglo y medio, los científicos de la Smithsonian han encontrado un terreno fértil para la investigación y la exploración cooperativa en América Latina. La increíble diversidad de la flora y la fauna en la región ha atraído a generaciones de naturalistas que han experimentado directamente la riqueza del medio ambiente.

Un distinguido grupo de científicos e investigadores de la Smithsonian trabajó bajo la coordinación del curador del Centro, entre ellos la antropóloga Jane Walsh, del Museo Nacional de Historia Natural; Pamela Henson, Directora de la División de Historia de los Archivos de la Smithsonian; y la antropóloga Margaret Dittemore, Directora de la Sección de Antropología de la Biblioteca de la Smithsonian.

Relieves y esculturas aztecas, zapotecas y de Teotihuacán. Museo Nacional de México, 1884.

La exposición se dividió en nueve secciones: la primera fue dedicada a la expedición exploratoria internacional de Estados Unidos, que partió de Hampton Roads (Virginia) el 18 de abril de 1838, al mando del teniente Charles Wilkes y dio la vuelta al mundo en 1842. En esta expedición se recogieron más de cinco mil objetos de interés etnográfico y arqueológico, considerados entonces como curiosidades, con un peso de más de cuarenta toneladas.

La segunda sección, Exploración de Suramérica, reseñó las expediciones que tuvieron lugar antes de 1858, durante las cuales se agregaron varias colecciones a la Smithsonian, entre ellas las colecciones Herndon y

Gibbon. Un monolito tallado proveniente de la isla nicaragüense de Zapatera formó parte de esta sección. El monolito fue descubierto por Ephraim Squier, a la sazón encargado de negocios de Estados Unidos en Guatemala, quien encabezó una expedición a Nicaragua en 1849.

La tercera sección estuvo dedicada al intercambio de ideas y especímenes, unos de los objetivos más importantes de la misión de la Smithsonian. En un comienzo, el intercambio era básicamente de publicaciones científicas, pero más tarde incluyó objetos etnográficos y arqueológicos. Ambos programas tuvieron gran éxito y para 1881 el Servicio Internacional de Intercambio de la Smithsonian envió 478 toneladas de publicaciones al exterior y recibió 260.000 paquetes de libros. Entre 1850 y finales de 1860 se intercambiaron 13.000 objetos etnográficos y más de 40.000 objetos arqueológicos con más de 400 instituciones.

La cuarta sección honró la memoria y el trabajo de una de las personalidades más sobresalientes asociadas con la Smithsonian. "La visión de un artista: William Henry Holmes", rindió tributo a este artista, geólogo, arqueólogo e historiador. Holmes nació el mismo año en que se fundó la Smithsonian. Su actividad fue particularmente intensa en México, Centroamérica, el Caribe y Suramérica. Holmes ocupó cargos prestigiosos en numerosas instituciones; el último (1920) fue de Director de la Galería de Arte de la Smithsonian hasta su jubilación en 1932 a la edad de 86 años.

La quinta sección se tituló "Viajeros isleños: arqueología caribeña e historia natural", y fue dedicada al trabajo de la Smithsonian en el Caribe desde 1914, principalmente en Cuba, las Indias Occidentales y Puerto Rico.

La sexta sección, "Compartiendo plantas, animales y amigos", realzó no solo la colección de especímenes exóticos de América Latina, como hierbas y reptiles, y el intercambio de animales vivos entre Estados Unidos y América Latina, sino también el trabajo de numerosas mujeres, como las estadounidenses Agnes Chase y Lucy Mann y la brasileña Maria Bandeira.

La séptima sección se refirió a la cooperación interamericana. El papel que la Smithsonian ha desempeñado en la conservación de la cultura, la flora y la fauna de América Latina ha sido formalizado por una serie de acuerdos internacionales. El Instituto Tropical de Investigación de la Smithsonian en la isla de Barro Colorado (Panamá) y el Laboratorio de Investigación de las Islas Galápagos (Ecuador) son dos ejemplos de esta política.

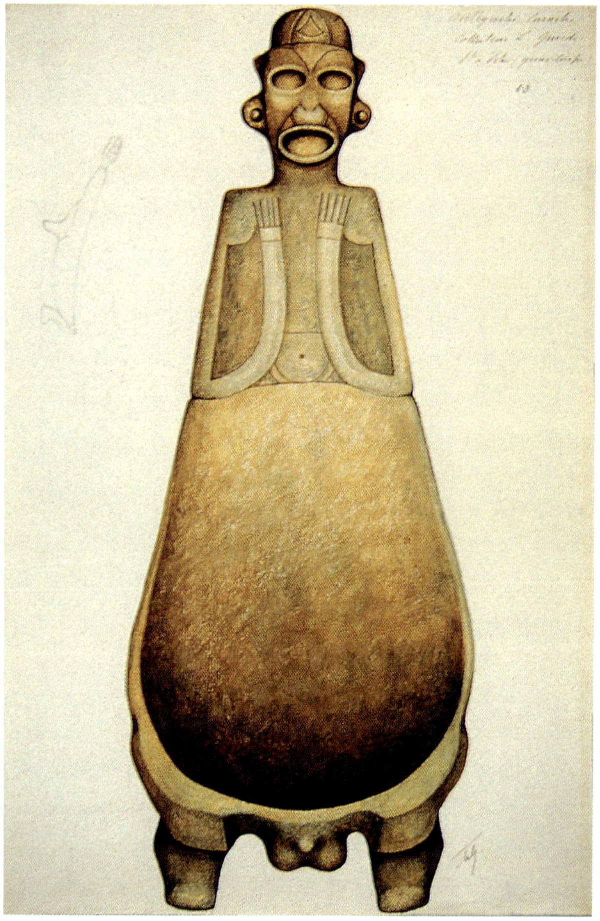

Acuarela de una silla de madera tallada, por Louis Guesde.

La octava sección rindió tributo a un naturalista de las Américas: Alexander Wetmore (1886-1978), ornitólogo, paleontólogo y administrador científico. Wetmore fue el sexto Secretario de la Smithsonian, de 1945 a 1952, y uno de los primeros organizadores y promotores de la Sección Panamericana del Consejo Internacional para Preservación de las Aves. Después de 1940 se dedicó completamente al estudio de las aves del istmo de Panamá, y publicó una obra de cuatro volúmenes (el último de ellos apareció en 1984, después de su muerte), titulada *Las aves de la República de Panamá*.

La novena y última sección presentó un panorama de la Smithsonian en la América Latina de hoy. El intercambio científico de la Smithsonian con América Latina continúa hoy con el mismo interés y profundidad demostrado por la trayectoria histórica. La relación académica establecida a lo largo de las Américas crea nuevos desafíos para la preservación responsable de las riquezas naturales.

"Expediciones" reveló una fructífera tradición de coleccionar, explorar y descubrir, realzó programas de colaboración científica y reafirmó un extenso compromiso con la difusión del conocimiento por todo el continente. Dado el carácter de la exposición, era procedente que tuviese lugar en la galería del Centro Cultural del Banco Interamericano de Desarrollo.

Además del Presidente del BID, Enrique V. Iglesias, en la inaguración estuvieron presentes el presidente de Costa Rica, José Figueres, el Secretario de la Institución Smithsonian, Ira M. Heyman, el Director Ejecutivo por Estados Unidos, Ronald Scheman, y una selecta concurrencia de invitados especiales.

Vista de Expediciones. *En el recuadro de arriba, el Secretario de la Smithsonian, Ira Michael Heyman (al centro) se dirige al público mientras observan, de izquierda a derecha, Miguel Bretos, Ana María Coronel de Rodríguez, el Presidente del BID, Enrique V. Iglesias, y el presidente de Costa Rica, José María Figueres. Abajo, Enrique Iglesias y José María Figueres.*

Bolivia

26 de noviembre de 1996 a 7 de enero de 1997

El tema de esta exposición, que consisitió en obras escogidas de varios museos de La Paz y de dos coleccionistas particulares, giró en torno a la generación de artistas del segundo cuarto de siglo, caracterizada en Bolivia por un deseo de reivindicar la cultura indígena ancestral en el proceso de definición de la identidad cultural.

Las características de esta generación y sus circunstancias quedaron explicadas en el texto de Félix Angel que se incluye a continuación.

Entre el pasado y el presente:

tendencias nacionalistas en el arte boliviano 1925-1950

Ñusta *(1932), de Cecilio Guzmán de Rojas, óleo sobre lienzo de 64x54 cm. Colección de Fernando Romero, La Paz.*

Tendencias nacionalistas en el arte boliviano, 1925-1950

Durante el segundo cuarto del presente siglo, pasada la primera guerra mundial y difícilmente superados los conflictos civiles que habían asolado a América Latina durante las décadas precedentes, se intensificó entre la intelectualidad de esta región una necesidad de reafirmar las raíces culturales como parte del proceso de definición de la identidad nacional. El propósito era reconciliar el presente con el pasado colonial, llamar la atención sobre la urgencia de reorganizar los órdenes culturales, económicos, sociales y políticos, y encarar el futuro con mayor determinación.

La República de Bolivia no fue una excepción. En un país de tradiciones arraigadas, la imposición del sistema colonial había alterado el proceso cultural de la población original aunque sin destruirlo y sincretizarlo completamente, creando nuevos conflictos como resultado del encuentro de dos cosmovisiones antagónicas en sus principios.

La necesidad de demarcar un contexto que contribuyese a clarificar y organizar el comportamiento nacional colocó a los intelectuales bolivianos de comienzo de siglo en una disyuntiva. Esta se manifestó primero con la literatura impregnada de una visión antropológica un tanto elemental, cuya forma se tradujo en la cruda visión de la raza indígena explicada con extraordinaria objetividad o prejuicio, con frialdad o vehemencia —según el ángulo desde donde se mire— por el intelectual paceño Alcides Arguedas, en su polémico libro titulado *Pueblo enfermo*, que fue publicado por primera vez en 1909. "De no haber predominio de sangre indígena", dice Arguedas, "desde el comienzo habría dado el país orientación consciente a su vida, adoptando toda clase de perfecciones en el orden material y moral, y estaría hoy en el mismo nivel que muchos pueblos más favorecidos por corrientes inmigratorias venidas del viejo continente".

La posición de Arguedas y otros intelectuales de la época, que parecería encontrar algún eco equivalente en la obra de uno de los pintores que nos ocupa, Arturo Borda, contrasta con la posición tomada por la mayoría de los artistas plásticos del segundo cuarto de siglo, entre ellos Cecilio Guzmán de Rojas y Jorge de la Reza Prudencio. A juzgar por las imágenes que estos crearon , puede verse claramente que existe una actitud opuesta y revisionista que aspira a reivindicar y criticar, en vez de lamentar y condenar como parece ser el caso de Borda.

Con esa doble visión, el arte boliviano va a elaborar entre 1925 y 1950 un discurso impreganado de nacionalismo cuyas conclusiones finales poco satisfactorias solo van a superarse con la aparición de la siguiente generación, la de mitad de siglo, con figuras como María Luisa Pacheco.

Colocados históricamente entre un pasado nebuloso y un presente incierto, los artistas plásticos activos de 1925 a 1950 expresaron a nivel individual y cada uno en su medida la problemática de revalidar sus orígenes, su naturaleza y su destino, sin acuerdos generacionales y sin llegar a una definición colectiva.

En Bolivia, la generación de artistas que maduró en el segundo cuarto de siglo y en la cual se cuentan Arturo Borda (1883-1953), Cecilio Guzmán de Rojas (1899-1950), Jorge de la Reza Prudencio (1901-1958), Juan Rimsa (1898-1975), Raúl G. Prada (1900-1987), Víctor Chvatal (?- c.1953) y Marina Núñez del Prado (todos ellos representados en esta exposición) compartieron en forma personal ese cuestionamiento cultural y cada uno a su manera le dio salida en sus trabajos, sin detenerse en las respuestas de los demás, excepto tal vez para manifestar sus desacuerdos, como lo hizo Borda cuando ridiculizó, en su obra *Crítica de los ismos y triunfo del arte clásico*, al estereotipo indio creado por Cecilio Guzmán de Rojas.

En busca de la identidad nacional

Siendo los artistas plásticos bolivianos componentes de una problemática étnica que iba más allá de cuestiones puramente raciales —sobre todo Cecilio Guzmán de Rojas y Jorge de la Reza, por cuyas venas corría sangre indígena— no resulta extraño que estos se hubiesen sentido movidos u obligados por la idea de que la expresión artística no podía continuar sometida a los parámetros visuales de valores foráneos, sobre todo después de haberlos experimentado de primera mano, uno en Europa y el otro en Estados Unidos.

La Conquista *(1929), óleo sobre tela de Jorge de la Reza Prudencio, de 37x48 cm. Colección del Museo Nacional de Arte, La Paz.*

Arturo Borda, ***Crítica de los ismos y triunfo del arte clásico*** *(1954). Oleo sobre cartón de 135 x 158 cm. Colección del Museo Municipal Arturo Borda.*

Es explicable que esta inquietud reflejada a nivel plástico haya surgido primero en Perú, sucesivamente cuna del imperio inca y sede del virreinato español. Allí tomó el nombre de indigenismo, tendencia liderada en lo ideológico por Mariátegui y en lo plástico por José Sabogal, que luego se propagó en los países vecinos, sobre todo en aquellos con larga descendencia nativa, como Bolivia y Ecuador, mientras que en México su contraparte, el muralismo, consolidaba integradamente y con una agenda más articulada los logros de la revolución. Es necesario recordar, sin embargo, que uno y otro, si bien se encuentran influenciados por ideas parecidas y aparentan ser simultáneos, no coinciden ni en sus objetivos ni en significado y realizaciones, además de diferenciarse en sus formalismos literarios y retóricos.

Por tal razón la obra de estos artistas, mirada en conjunto, resulta difícil de comprender y hay que analizarla individual más que colectivamente si se quiere entender su descontextualización. Aquí parecería que radica la gran diferencia del movimiento artístico boliviano de orientación nacionalista con otras manifestaciones contemporáneas suyas en la América hispana, aunque casi todos los artistas desatan un deseo de dotar a las imágenes de significados y sensibilidad arraigados en lo "propio".

Una parte del problema era por supuesto definir lo "propio", ya que para que pudiese tener validez había que diferenciarlo de lo "folclórico" y lo "local". Probablemente quienes se acercaron más a lo primero fueron Cecilio Guzmán de Rojas y Jorge de la Reza Prudencio, por sus constantes y rotundas alusiones étnicas que podrían resumirse en la recalcitrante, premeditada y recurrente selección temática, en la utilización simbólica y casi mística de los objetos y seres asociados con el indio (sombreros, flautas, quenas y tupus, el cóndor, llamas, alpacas y ovejas), por el drama escenográfico que se repite en la obra total casi tan extensamente como la cordillera y por los valores sígnicos y decorativos que concedieron al diseño en el tratamiento de telas y ropajes. A esto hay que agregar la desafiante inclusión de iconos culturales, como el estereotipo de la raza indígena, que finalmente se materializa en la fisonomía y estructura anatómica de los protagonistas, quienes, con su etnia y atributos físicos, se oponen abiertamente y con insolencia a los prototipos humanos creados por el arte renacentista perpetuados en la Academia.

Mientras tanto, extranjeros como Juan Rimsa, con una sensibilidad completamente diferente por no haber nacido en Bolivia y por haberse vinculado a la escena tardíamente, se deleitaron en retratar lo local, para lo cual ejercitaron su entrenamiento escolástico y un facilismo técnico natural, así como una sensibilidad que claramente trasluce la curiosidad y lejanía del foráneo para acercarse al sujeto, lo cual, al tratar de interpretar sus obras pictóricas, se traduce en una ligera desconfianza o en profundo recelo, sobre todo en sus escenas de grupos humanos donde prima un efecto casi ilustrativo, lo cual puede observarse en su excelente composición *Grupo en torno al fuego* o en *Fiesta altiplánica*.

Aunque no se siente tan fuerte en sus paisajes, una sensación similar proyectan las pinturas de Víctor Chvatal. Otro tipo de recelo produce Arturo Borda en sus alegorías, aun en la visión realista del Illimani, obra que denota una habilidad técnica autodidacta emparentada con lo folclórico y lo espontáneo. Raúl Gonzales Prada, por su parte, incursiona casi solitario por el paisaje de Cochabamba.

Sería una mujer, Marina Núñez del Prado, quien tendría la visión y el ímpetu para trascender los límites expresivos implantados por el discurso indigenista o por su opuesto. Fue ella quien básicamente redimió las fórmulas agotadas en el arte boliviano, ingresando con personalidad y originalidad en la escena artística internacional de mitad de siglo, antes de que la siguiente generación lo hiciera en forma más contundente.

Esta fue la primera vez que se presentó en Estados Unidos un período del arte boliviano caracterizado por una intención abiertamente nacionalista. La muestra permite comprender en parte la problemática ideológica y artística de una generación de artistas que, ubicados en una encrucijada entre el pasado y el presente, no estuvieron de acuerdo en cómo responder de forma clara a las exigencias históricas del momento. Su respuesta, basada quizás demasiado en el talento individual, fue parcialmente nublada por la necesidad de convertirse en referencia positiva para las próximas generaciones y por la intención casi desesperada de ofrecer un aporte para avanzar en la definición de su papel en la historia del arte hemisférico.

Entre el pasado y el presente: *vista general de la exposición.*

España *20 de febrero a 24 de abril de 1997*

Con esta exposición que celebra la ciudad de Barcelona, sede de la XXXVIII Asamblea Anual de Gobernadores del BID, el Centro Cultural culminó su primer lustro de actividades.

El tema de la exposición fue el diseño, por ser una de las expresiones en la cual los barceloneses han mostrado gran imaginación e inventiva. La exposición hace un recorrido cuyo punto de partida es la obra del arquitecto Antoni Gaudí y termina simbólicamente con la obra de Javier Mariscal, el autor de la mascota de los Juegos Olímpicos de 1992.

Las obras se escogieron de varios museos barceloneses, entre ellos el Museo de Artes Decorativas y el Museo Gaudí de la iglesia de la Sagrada Familia. El arquitecto Juli Capella fue asesor invitado de la exposición. El contenido de la muestra queda sintetizado en el texto siguiente.

Diseño barcelonés del siglo XX:
de Gaudí a los Juegos Olímpicos

Vajilla Compact de André Ricard, pionero del diseño contemporáneo en España, la cual recibió un Delta de Oro en 1962.

A partir de las vanguardias de fin del siglo XIX y principio del XX se crea por primera vez la conciencia del diseño industrial tal como lo entendemos hoy. En cualquier caso es importante discernir entre objeto fabricado industrialmente y objeto concebido según una intención y un método industrial, es decir, diseñado. En España, y en especial en Cataluña, donde la ciudad de Barcelona representa un centro de avanzada del diseño industrial, la obra de figuras como Antoni Gaudí es imprescindible para obtener una visión más enfocada de los inicios de esta disciplina creativa. Desde Gaudí, a lo largo de una centuria, numerosas situaciones particulares han influenciado y modificado el desarrollo y el avance del diseño. Los Juegos Olímpicos de 1992, por el replanteamiento que promovieron en todas las áreas del diseño, ilustran en gran parte la culminación de este proceso, del cual los objetos seleccionados para esta exposición representan un paradigma excelente.

En 1833 se crea en Barcelona la primera industria del país con energía de vapor, la fábrica de hilados y tejidos Bonaplata, que representa el inicio de la industria moderna en el país, aunque ésta sería incendiada dos años más tarde por los obreros, precisamente por representar un peligroso cambio en los procesos productivos aún no asumido socialmente. En 1834 se botaba el Balear, el primer barco de hélice movido por vapor; en 1848 se inauguraba la primera línea de ferrocarril entre Barcelona y Mataró; en 1853 se iluminaba el paseo de Gracia con farolas de gas; y en 1890 el inquieto empresario textil Francesc Bonet construía el primer automóvil del país, con un motor de explosión comprado en la reciente Exposición Internacional de París.

Barcelona y los precursores del modernismo

Francesc de Paula Vidal y Alexandre de Riquer son quizá quienes mejor representan la transición del movimiento *arts & crafts* en España. Personaje de gran dinamismo y admirador de Morris, Riquer realiza diversos viajes a Inglaterra y ejerce una importante labor divulgadora del nuevo estilo, como autor de una importante obra artística y como promotor de la fundación de la primera Escuela de Artes y Oficios en Barcelona.

El diseño en todos los frentes, incluyendo el di-

Torres laterales del Templo Expiatorio de la Sagrada Familia, diseñado por Antoni Gaudí, máxima figura del Modernismo Catalán.

seño gráfico con representantes como Antonio Utrillo y Francisco de Cidón, avanza a comienzos de este siglo a pasos agigantados. Paralelamente, en 1904, tan sólo dos décadas después de que Daimler y Benz inventaran el automóvil con motor de explosión, un grupo de inquietos empresarios barceloneses fundan La Hispano Suiza, Fábrica de Automóviles, S.A.

El modernismo y Antoni Gaudí

No hay duda de que el modernismo en España culmina en la figura excepcional de Antoni Gaudí, cuya vasta y alucinante obra merece espacio aparte. Sus diseños de mobiliario, aparte de su grandiosa obra arquitectónica, todavía ejercen extraordinaria influencia en la actual creatividad del país y fuera de él.

La figura de Gaudí anticipa una concepción prácticamente simultánea del espacio y la estructura, del mobiliario que debe interactuar con ambos, y los detalles arquitectónico-estructurales y decorativos que complementan el edificio total como probablemente nadie hasta ese momento había logrado materializar con total autonomía formal. Otros, como el norteamericano Frank Lloyd Wright, van a continuar realizándolo después con elementos de estilo propio.

El modernismo se prolongó hasta bien entrado el siglo XX, y de nuevo se mezcló con otros movimientos artísticos y sociales. Así sucedió en Cataluña en el *noucentisme*, estilo que, al decir de Francesc Fontbona, "afectaría a casi todos los aspectos de la creatividad de Cataluña a lo largo de una generación ... respuesta autóctona a la línea hegemónica de la evolución del arte contemporáneo, buscando sus raíces en el Mediterráneo y en la propia savia popular catalana".

Como máximo representante del *art déco* nacional hay que citar a Santiago Marco, decorador de gran prestigio y diseñador de muebles, quien posibilitó la presencia de una delegación española en la famosa Exposición Internacional de las Artes Decorativas de París en 1925.

El estilo internacional, la guerra civil y la posguerra

El inicio de la guerra civil española en 1936 constituyó un paréntesis en el desarrollo del diseño en España, dado que neutralizó en gran medida las experiencias acumuladas y cualquier expectativa de avance. La mayoría de miembros del Grupo de Artistas, Arquitectos y Técnicos Españoles para el Progreso de la Arquitectura Contemporánea, creado en 1930, se alinearon con los defensores de la República, contra los nacionales, politizando su actividad de tal modo que algunos arquitectos llegaron a cambiar el lápiz por el fusil.

En 1939, tras la victoria de Franco, muchos creativos se exiliaron para evitar las represalias de la recién impuesta dictadura. Así sucedió con Antoni Bonet, quien, junto con Kurchan y Ferrari-Hardoy, diseñó en Argentina la singular silla KFB o "mariposa", incluida en esta exposición, la cual está basada en un desarrollo de tubo de hierro continuo, que sostiene una funda de cuero y representa de manera intencional este período obscuro de la historia de España.

Un renacer

En 1946 una revista clandestina catalana llamada *Ariel* publicó un artículo titulado "El arte de la sabiduría", donde se afirmaba que "hay que buscar un espacio en la cultura para el tocadiscos, el lavabo, el tenedor, el sombrero o la botella, no menos que a un monumento". Lo había escrito un joven recién llegado del exilio, Alexandre Cirici, quien jugaría un papel clave en la estructuración teórica e institucional del diseño en España.

Este es un ejemplo de manifestaciones, apenas perceptibles, que durante la década de los cincuenta desembocarían en la etapa embrionaria del renacimiento del diseño español, en especial del diseño catalán. Sin lugar a dudas el año más importante es 1957, y por ello tal vez deba considerarse éste el año del nacimiento del diseño contemporáneo en España, o por lo menos del inicio de una decidida preocupación por esta nueva disciplina.

A la par de personalidades como Ricard, pertenecen a este período otras como Rafael Marquina, Gabriel Lluelles, Miguel Milá y, naturalmente, Antonio Moragas, todos ellos con ejemplos de su trabajo en esta exposición.

El boom del diseño

Los años ochenta pueden considerarse la "década del *boom* del diseño español". En ella se suceden, año tras año, significativos acontecimientos que culminan, mediada la década, en un gran eco de los medios de comunicación que da abasto social al fenómeno.

En 1980 se estrena asimismo el nacimiento del diseño de producto industrial de alta tecnología en España, campo en el cual se destaca Ramón Benedito. La labor de Benedito se suma a la de otros diseñadores, completando así el abanico de sectores presentes en el diseño nacional, hasta entonces restringido al mobiliario y los objetos domésticos.

En 1981 Javier Mariscal, quien sería años más tarde el diseñador de *Cobi*, la Mascota Olímpica, participa en la primera colección del mítico grupo Memphis en Milán.

El período 1985-1990 coincide sin duda con la fase de crecimiento y normalización del diseño en España.

Exposiciones en colaboración

Marzo de 1993
Hidrovías, fotografías y dibujos conceptuales sobre la posible interconexión de ríos en América del Sur.

Marzo de 1993
Artistas del siglo XX de las Islas Canarias, pinturas y esculturas del archipiélago español producidas a lo largo de 60 años de actividad artística durante el siglo XX. En colaboración con la Viceconsejería de Cultura y Deportes del Gobierno de las Canarias.

5 de octubre de1993
Cinco pintores de Medellín (Colombia) presentaron 17 obras dando un panorama de la pintura actual en esta ciudad colombiana.

Enero de 1995
Pintura en Cantabria (1875-1975): 11 pinturas del Museo de Bellas Artes de Santander (España), presentadas con motivo de la Semana de Cantabria, en cooperación con la Confederación Española de Organizaciones Empresariales.

Mayo de 1995
Parque Nacional Serra da Capivara, paneles de fotografías y hallazgos arqueológicos que muestran la diversidad ecológica del parque nacional brasileño de Serra da Capivara, en el estado de Piauí (Brasil).

Exposiciones itinerantes

Marzo de 1993
América Latina y el Caribe en la pintura contemporánea, 40 pinturas de la colección del Museo de Arte de las Américas. La muestra fue organizada en ocasión de la XXXIV Asamblea Anual de Gobernadores del BID en marzo de 1993 en Hamburgo (Alemania).

Junio de 1994
Gráfica de América Latina y el Caribe - selección de la Colección del BID, 22 grabados presentados en la Liga de Arte de Rehoboth (Delaware). Primera exposición itinerante del Centro Cultural.

Septiembre de 1995
Pintura, dibujo y escultura de América Latina: selecciones de la Colección del BID, 28 obras presentados en la Galería de la Universidad del Estado de Maryland en Salisbury.

Octubre de 1995
Cerámicas de las mujeres de Tobatí (Paraguay), 14 esculturas en cerámica pertenecientes a la Colección del BID, presentadas en el Centro de Arte de la Universidad del Estado de Delaware en Dover.

Junio de 1996
América en la gráfica, cuarenta y siete grabados en diferentes técnicas seleccionados de la colección del Banco, presentados en los Museos del Banco Central de Costa Rica por invitación de dicha entidad.

Serie de conciertos y conferencias

La Vicepresidenta Ejecutiva del BID, Nancy Birdsall, y el Director por Panamá, Rogelio Novey, dan la bienvenida a la Premio Nobel de la Paz, Rigoberta Menchú.
Abajo: integrantes de la Orquesta Nacional Juvenil de Venezuela afinan sus instrumentos antes de su actuación en el BID.

Como parte de la **Serie de conciertos** se ha auspiciado un número importante de actuaciones de destacados solistas, orquestas de cámara, sinfónicas y grupos corales de los 46 países miembros del Banco. El Centro ha dedicado especial atención a la inclusión en la serie, junto a figuras consagradas, de músicos jóvenes promisorios, varios de ellos ganadores de audiciones internacionales y en el umbral de su carrera profesional con compañías de ópera y orquestas sinfónicas.

La **Serie de conferencias** ha atraído a prestigiosos pensadores y figuras de las artes y las letras que han expuesto sus ideas sobre temas diversos como literatura, arquitectura, artes plásticas, teatro, danza y arqueología. La serie incluyó asimismo un ciclo de charlas sobre el pensamiento milenario en los umbrales del siglo XXI, con la participación de siete figuras destacadas en el campo.

En la publicación *Encuentros,* que se distribuye entre instituciones académicas y culturales del continente, se reproduce regularmente una selección de las disertaciones de la serie.

Uruguay *3 de agosto de 1992*

***Alberto Reyes**, recital en homenaje a Alfredo Henares (q.e.p.d.), por su inspirada y valiosa contribución a la creación del Centro Cultural del BID.*

Argentina *30 de setiembre de 1992*

***Cuarteto de Guitarra Santa Fe**: argentinos radicados en Estados Unidos, presentados en colaboración con Partners of the Americas. Interpretaron a compositores españoles y latinoamericanos, entre ellos Piazzolla, de Falla y Pons.*

Chile *19 de marzo de 1993*

***Casas, voces y lenguas de América Latina**, diálogo entre el escritor **José Donoso** y el Dr. Saúl Sosnowski, Director del Centro de Estudios Latinoamericanos de la Universidad de Maryland. Presentado en colaboración con la División Hispánica de la Biblioteca del Congreso. Primera publicación de la serie* Encuentros.

José Donoso (Santiago de Chile, 1924-1996), cuentista y autor de las novelas *Coronación* (1958) y *Casa de campo* (1978), entre otras. Ganador del Premio Nacional de Literatura de Chile en 1990. Con motivo de su conferencia en el Centro Cultural, *Alerta*, de Santander (España), comentó en su edición del 21 de marzo de 1993: "'La lengua va transformando la casa de la memoria', afirma José Donoso. El escritor chileno interviene en unas jornadas organizadas por el Banco Interamericano de Desarrollo".

El siguiente es un extracto de su alocución, la cual se publicó en su totalidad en el primer número de la serie *Encuentros*:

"¿Cómo es este mundo que estoy tratando de construir? ¿Qué lenguaje y alcance tiene?... Todos sabemos que la literatura tiene una vertiente de utilidad y una vertiente de regocijo. Olvidémonos de la vertiente de realidad histórica y quedémonos con la vertiente de regocijo. ¿Hasta qué punto es una aventura estética el escribir? Yo creo que se ha puesto demasiado énfasis en la literatura como utilidad. La literatura que interesa ahora es una literatura útil y no una literatura de regocijo, de contemplación. Creo que me gustaría escribir algo en que no se notara la utilidad, en que la utilidad estuviera totalmente subyacente y que entrara el lector de manera inconsciente, que llegara a formar parte de esa utilidad, que sirviera, pero inconscientemente, y que se quedara entretanto con el regocijo.

"He visto algunas novelas totales que me han gustado mucho, pero también he visto novelas parciales. Para mí, la esencia de la creación artística es la limitación del ser humano. Un escritor no puede ser un ser sin bordes, tiene que ser un ser definido, tiene que ser una sensibilidad suya propia a través de la cual se refleja y se deforma la realidad. La existencia de esta materia un poco opaca, que apresa la luz, es la escritura.

"Empezando por las novelas totales, por ejemplo, el *Ulysses* de Joyce; *La búsqueda del tiempo perdido* [de Proust]... De este lado del mundo, casi todas las novelas de mi época, de cuando empecé a escribir, *Rayuela* me pareció una novela total, *La casa verde* me pareció una novela total, las novelas de Carlos Fuentes, que todavía sigue haciendo novelas totales, como si fuera posible hacer muchas novelas totales y no fuera que una no invalidara a la otra. Y novelas parciales: Borges, es el rey de lo parcial, de lo fragmentario.

"En primer lugar, a mí me interesa mucho el siglo XIX inglés, particularmente soy un gran lector de Dickens, de Trollope, de Zachary. Me gusta ese mundo como de cuero y bronce y de paredes oscuras de la época victoriana inglesa. Me gusta también toda la máscara que significa. Hay toda una máscara terrible en la época victoriana inglesa que, por lo demás, no es demasiado distinta a la máscara chilena. Los chilenos somos bastante victorianos en muchos sentidos y me parece que con los gobiernos demócrata-cristianos hay peligro de que la cosa se ponga peor y más enmascarada todavía. Pero, por desgracia, ya no se pueden escribir novelas como las del siglo XIX inglés; la máscara tiene otro significado. Pero he sido un gran lector de Hardy y de Meredith y entre todos estos victorianos eminentes me pareció siempre uno de los más notables Sir Richard Burton.

Luego leí a Borges y en Borges hay un trozo literario, que son las traducciones de *Las mil y un noches* en que habla copiosamente sobre Burton, y ahí me enganché. Luego leí un libro que me apasiona que es *El Nilo*, de Almorhead, en que se habla también de Burton y del mundo de las expediciones inglesas a las fuentes del Nilo, en donde aparece Burton como personaje.

"Curiosamente, yo no me siento muy ligado culturalmente a España. He vivido 18 años en España, mis editores son españoles, mi agente literaria es española, uso una de las tantas formas del idioma castellano y, sin embargo, culturalmente, la vertiente no me viene desde allá. Creo que lo que sucedió fue que, cuando nosotros crecimos, estábamos leyendo otras cosas; mi generación estaba con la vista totalmente fija en los existencialistas franceses. Fueron los existencialistas franceses que nos alimentaron espiritualmente desde cierta época. Al mismo tiempo, si bien la poesía española era gloriosa y todos la leímos en su momento como poesía gloriosa, de Juan Ramón Jiménez en adelante, me parece que la novela española de esa época no tuvo la vigencia ni la resonancia que en nosotros estaba teniendo la novela inglesa o norteamericana, o francesa. Indudablemente era más interesante leer a Proust que leer a Pérez de

Ayala, a Virginia Woolf y a Joyce, que leer a Azorín. No había dónde perderse. Había una riqueza y una universalidad de la producción literaria americana; era el tiempo de Faulkner, de Hemingway y de Fitzgerald, que configuraron el mundo nuestro y no la visión de Pérez de Ayala, de Azorín o de Ruiz de Alarcón. Nosotros, en Latinoamérica, como no teníamos una gran tradición literaria propia, pudimos de cierta manera elegir una tradición que excluyó lo español porque era muy poco seductor frente a lo europeo y a lo norteamericano que estaba sucediendo. En el caso de la poesía, estábamos todos con García Lorca en la cabeza y con todos los poetas de esa época, pero en novela, no sucedió eso.

"Yo creo que cada país y cada época de alguna manera encuentra un idioma propio en una forma. Creo que mi generación latinoamericana encontró su gozo en la forma novela, más que en la forma poesía o la forma ensayo. Así es como los pintores mexicanos del 30 encontraron su gozo no en la pintura de caballete sino en la pintura mural, y como los escritores ingleses del 1500 y tantos, los isabelinos, cuando se escribía gran poesía lírica, se escribía gran novela en Inglaterra, se escribían grandes ensayos... ¿Pero qué es lo que recuerda uno, qué es lo que le queda bailando en la cabeza? Le queda bailando la idea de que los isabelinos escribieron teatro en verso. La poesía dramática isabelina de alguna manera es lo esencialmente isabelino y justamente yo creo que en España fue la poesía lírica en los años veinte y treinta lo que realmente era lo propio, y no la novela que se estaba dando en Inglaterra y en Estados Unidos."

Uruguay *16 de abril de 1993*

***Sergio Elena Hernández**, pianista, en un homenaje a Felisberto Hernández, escritor y compositor uruguayo, presentado en colaboración con American University y la Embajada de Uruguay en Estados Unidos.*

Canadá *21 de abril de 1993*

***Naida Cole**, joven pianista ganadora del primer premio en el Concurso de la Sinfónica de Montreal, interpretó a Chopin y Liszt.*

Colombia *29 de abril de 1993*

Cómo empezó la historia de América*, conferencia del escritor e historiador* ***Germán Arciniegas*** *copatrocinada por el Programa del Quinto Centenario de la Biblioteca del Congreso y presentada en colaboración con el Centro de Estudios Latinoamericanos de la Universidad de Maryland, la División Hispánica de la Biblioteca del Congreso y el Foro Cultural Colombiano. La charla de Arciniegas se publicó en* Encuentros, N° 2.

Germán Arciniegas (Bogotá, 1900) fue fundador, director y colaborador de un gran número de revistas y publicaciones en América Latina. Fue presidente de la Academia Colombiana de Historia y publicó un sinnúmero de libros, entre los que se encuentran *El estudiante de la mesa redonda* (1932), *En el país del rascacielos y las zanahorias* (1945), *El continente de siete colores* (1965), *El revés de la historia* (1980) y *El Embajador* (1990). Recibió los premios Cabot de periodismo, Alberdi-Sarmiento, Hammarskjöld y Madonnina de Milán, así como el premio de las Américas en 1989, entre sus muchos galardones.

El siguiente es un extracto de su charla:

"Nosotros hablamos mucho de los españoles, sin darnos cuenta de que aquí vinieron al tiempo con los conquistadores los pobladores, es decir los que venían a establecerse en forma permanente. Acabaron llamándolos indianos: se venían de España para no volver jamás. Los que venían con puesto, no de adelantado, de los que ustedes quieran, se alían con el plan de explotar a los indios, en caso de dificultad matarlos, y disfrutar del oro que lograban agarrar volviéndose a España. Pero hay una mayoría que viene para no volver a España nunca. Y muchas veces pasaba lo mejor, que como venían sin mujeres, se juntaban con las indias y a las indias les caía divinamente acostarse con unos hombres con pelo que no conocían. Era una cosa tan notable que hay una cantidad de matrimonios por amor. Conocían a una india y seguían con la india y hasta que se moría. A los nueve meses brotaban criaturitas que eran lo que llamamos nosotros ahora los mestizos.

"Esa ventaja enorme tiene la conquista española sobre la inglesa: los ingleses se vinieron con familia. Un puritano señor y familia se establecen en Boston o en Chicago, y no tienen la oportunidad de juntarse con una india que les cuente para qué sirven las hierbas y cómo se curan los males aquí. Viene acá a inventar. La palabra invención, en esa época, se usa más que la palabra descubrimiento. En los mapas se escribe: esta región la inventó Juan de La Cosa. Inventa quien descubre.

"La historia habría que hacerla tomando a esos que van a venir a América y seguirles la pista, si es posible, a lo largo de 500 años. La que nos enseñaron a nosotros es la historia de la conquista o la del descubrimiento. Los conquistadores agarraban lo que tomaban aquí contra la voluntad de sus dueños y se lo enviaban al rey de España, que lo iba perdiendo. Eran tan incapaces de manejar la hacienda que el día que echaron a los judíos no sabían ni cómo sumar lo que recibían, ni cómo restar lo que les tocaba, ni cómo multiplicar que no multiplicaban, y —eso sí— dividían. Dividían a la topa tolondra.

"El europeo que se viene aquí, durante los 500 años continuos de emigración, ha parado de ser una persona distinta. Piensen ustedes únicamente en el establecimiento de un español en La Española. Trae una cantidad de trigo, lo que cabe en un talego, unos bizcochos, un poco de carne en tasajo y una botella de vino y queso. El queso aquí se le pudre, el trigo se le acaba, el vino se daña o se lo toma y punto. Se encuentra entonces con que tiene que comer yuca, huevos de iguana, granos de maíz, tomates, cosas que los aborígenes habían logrado con su cultura reducir a alimento en siglos de experiencia.

"No crean ustedes que la yuca, raíz venenosa que comen los indígenas en la América del Sur, como dice el diccionario francés, se convirtió en cazabe o pan de yuca o yuca frita de la noche a la mañana. Fue una larga experiencia sobre la raíz para poderla convertir en un alimento, y en veneno también. El indio, por ejemplo, administraba la coca únicamente como una especie de sedante para descasar en el trabajo, que no llegaba a ser jamás un vicio, no llegaba a ser la cocaína de Nueva York o de Amsterdam. Manejaban su naturaleza con una cierta sabiduría que vino a beneficiar a los europeos casi inmediatamente. A Alemania, Escandinavia, Irlanda, Polonia, llegaba un hambre que diezmaba a la población, no había campo en los cementerios para enterrar a la gente. Hasta que vino la papa... La palabra cultura donde tiene su primera raíz es en la agricultura."

Costa Rica *28 de mayo de 1993*

***Guillermo Montero**, profesor de historia del arte en la Universidad de Costa Rica, disertó sobre **El arte contemporáneo de Costa Rica: de la abstracción al neoexpresionismo, 1960-1990**, como parte de los preparativos para la inauguración de la exposición de arte presentada en la galería del Centro Cultural, **Pasaje hacia el modernismo: pinturas y esculturas de Costa Rica, 1864-1959**.*

Venezuela *11 de junio de 1993*

***Alfredo J. Anzola**, cineasta, disertó sobre **Realidad y ficción en el cine latinoamericano**.*

Costa Rica *30 de junio de 1993*

Lark Chamber Players*, conjunto de cámara, interpretó a compositores clásicos, entre ellos Haydn y Brahms.*

México *30 de junio de 1993*

Benito Peralta*, indio pai-pai oriundo de Baja California, narró relatos de su tradición oral, junto al sociólogo mexicano* ***Everardo Garduño****.*

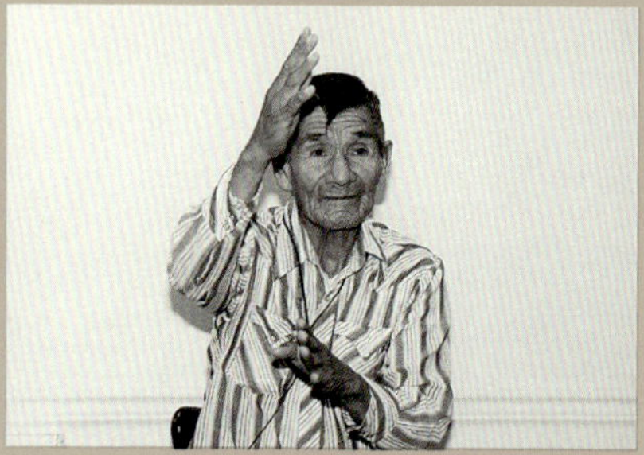

Colombia *5 de agosto de 1993*

Diana Burson-Ayerbe*, mezzo-soprano, graduada del Conservatorio Peabody de Baltimore (Maryland), interpretó a compositores clásicos y latinoamericanos, entre ellos Rossini y Brahms, acompañada en piano por Jeanine Trent.*

Panamá *19 de agosto de 1993*

Grupo Folclórico de Danza de Panamá: *30 bailarines y músicos de la Universidad de Panamá en Chiriquí, presentados en colaboración con Partners of the Americas. Interpretaron un programa de música y bailes nacionales en el atrio del Banco.*

México *14 de setiembre de 1993*

Diálogo entre el escritor ***José Emilio Pacheco*** *(izquierda), Premio Nacional de Literatura de México (1992), y el escritor mexicano Jorge Aguilar Mora.*

España *27 de setiembre de 1993*

El último viaje de "Guernica"*, charla ilustrada de* ***Felipe Vicente Garín****, ex director del Museo del Prado de Madrid, sobre el traslado del "Guernica" de Picasso a una sala del nuevo museo del Centro de Arte Reina Sofía de Madrid.*

Guatemala *14 de octubre de 1993*

Disertación de ***Rigoberta Menchú,*** *Premio Nobel de la Paz de 1992, en el marco de la celebración del* Año Internacional de los Pueblos Indígenas, *en cooperación con la Institución Smithsonian. Se publicó en* Encuentros, Nº 3.

A su llegada al Banco es recibida por la Directora del Centro Cultural, Ana María Coronel de Rodríguez.

Rigoberta Menchú (Chimel, provincia de El Quiché, Guatemala, 1959), de origen maya, hija de agricultores. En 1978 se unió al Comité de Unidad Campesina (CUC), organización formada para encarar los graves problemas de pobreza y falta de acceso a la tierra de la mayor parte de la población. Tras su exilio en México en 1980, Rigoberta contribuyó activamente en grupos de trabajo y comisiones de las Naciones Unidas en defensa de las minorías y los derechos humanos. En 1984 publicó *Me llamo Rigoberta Menchú y así me nació la conciencia*. Rigoberta Menchú ha recibido numerosos premios y distinciones internacionales, entre ellos el Premio Educación para la Paz, de la UNESCO. En 1992 recibió el Premio Nobel de la Paz y en 1993 fue nombrada por las Naciones Unidas Embajadora del Año Internacional de los Pueblos Indígenas.

A continuación se reproduce un extracto de la misma:

"Yo creo que este es un tiempo muy hermoso, porque nuestra conciencia y nuestras luchas han trascendido y contribuyen en la búsqueda de un futuro mejor para los pueblos indígenas. Siempre he querido decir que para mí, en lo personal, aprovechar la experiencia autodidacta de las comunidades pobres, la experiencia del liderazgo nacional y de las diversas organizaciones de nuestras sociedades, es un reto para poder viabilizar quizá los métodos de desarrollo real y efectivo para nuestra humanidad en el futuro.

"Hay muchas experiencias que han quedado silenciosas en toda nuestra América, pero también en todos los demás continentes, donde, increíblemente, cada vez que uno llega se identifica como si fuera su propia tierra, su propia experiencia. Lo que significa que muchas de las fallas en que ha incurrido la humanidad, muchos de los errores que se han cometido en los centros educativos, en los medios de comunicación, en los centros más importantes de decisiones financieras, también han afectado y trascendido otras fronteras, y quizá nos unen hacia una esperanza común. Pero es cierto que los problemas más grandes de la humanidad todavía se centran en el tema de los derechos humanos, por lo que yo entiendo que la lucha de los pueblos indígenas no puede entenderse fuera de la lucha de las mujeres, no puede entenderse sino como parte de la lucha de la sociedad por una convivencia pacífica, la cual necesariamente debe pasar también por una comprensión mutua de nuestros pueblos.

"Los indígenas que nos reunimos en Oaxtepec hicimos un llamado a todas las instituciones internacionales para que nos ayuden a sentar algunas bases antes de que termine este Año Internacional y proyectar un 'decenio internacional'.

"Creemos que un año no es suficiente para resolver los problemas que históricamente nos han dividido entre indígenas y no indígenas y poder no sólo rescatar los valores que tiene nuestra cultura milenaria, sino también proyectarla hacia el futuro. Para eso necesitamos impulsar una acción de mayor escala a nivel mundial, y para que haya una educación de mayor escala a nivel mundial hace falta que las grandes instituciones internacionales participen en apoyo de la década. La Década Internacional la quisiéramos ver como parte de la lucha contra el racismo, contra la discriminación, pero también como parte de la lucha de las mujeres.

"Algo muy similar tenemos los indígenas y las mujeres. A lo largo de la historia, la lucha de las mujeres nunca fue comprendida. Se entendió como algo raro, curioso. En algún momento hasta se entendió como algo ridículo. También la lucha de los indígenas en muchos momentos de la historia se entendió como algo raro, algo ridículo y algo que no podía tener viabilidad. Pero hoy, cuando examinamos muchos problemas que existen en el mundo, nos damos cuenta de que esta lucha es la reafirmación de la dignidad y es la reafirmación de la humanidad, la creación entera que incluye nuestras propias vidas."

Uruguay *26 de octubre de 1993*

***Dahd Sfeir**, una de las figuras principales del teatro uruguayo, en un espectáculo unipersonal de canciones, poesía y monólogos titulado* La edad del viento, *acompañada en guitarra por Ney Peraza.*

Uruguay *11 de noviembre de 1993*

***Carmen Tancredi**, mezzo-soprano, interpretó a compositores clásicos y españoles, como Wagner y Montsalvatge, acompañada en piano por George Peachey.* *"Bajo los auspicios del Centro Cultural del BID, la cantante uruguaya mostró...las cualidades de su arte que son relevantes y prometedoras: claridad en la modulación, ductilidad y soltura." — Gaceta Iberoamericana, noviembre de 1993.*

Estados Unidos *22 de noviembre de 1993*

***Peter Dunham**, profesor de antropología de la Universidad Estatal de Ohio en Cleveland, dio una charla sobre **Ruinas en la selva: las ciudades perdidas de las montañas mayas**, relacionada con un proyecto arqueológico que se lleva a cabo en Belice.*

Uruguay *23 de noviembre de 1994*

***Suite Montevideo**, coro* a capella *integrado por 10 voces, dirigido por Pablo Trindade, interpretó composiciones de Piazzolla y de Villa-Lobos, así como obras de jazz modernas.*

Estados Unidos *17 de diciembre de 1994*

***Orquesta de Cámara Juvenil de la Universidad de Temple** en Filadelfia, integrada por 30 músicos jóvenes y dirigida por el maestro colombiano Luis Biava. Interpretó a compositores clásicos, entre ellos Bach, Vivaldi, Mozart, Copland, Tobar y de la Torre, acompañada por un conjunto de voces juveniles.*

Colombia *27 de enero de 1994*

Mauricio Mejía*, pianista, compositor y arreglista, considerado como uno de los músicos latinoamericanos más preparados en el procesamiento electrónico de la música, presentó un programa de composiciones clásicas, criollas y originales suyas.*

Guatemala *3 de marzo de 1994*

***Luis Girón May**, barítono, y **Consuelo Medinilla**, pianista y directora del Centro para Estudios Pianísticos de Guatemala, interpretaron a compositores clásicos y latinoamericanos, entre ellos Vivaldi, Granados y Sandoval.*

Paraguay *17 de marzo de 1994*

***Renée Ferrer de Arréllaga**, novelista y poeta, ofreció su perspectiva sobre la **Narrativa paraguaya actual: dos vertientes.** Como complemento de la conferencia, la actriz Ana María Imizcoz interpretó escenas de dos cuentos de Renée Ferrer. Disertación publicada en* Encuentros, N° 4.

Renée Ferrer de Arréllaga (Asunción, Paraguay, 1944) ha publicado más de 18 libros de poesía, cuentos y novelas, entre los cuales cabe destacar *Los nudos del silencio* (1988), *Peregrino de la eternidad* (1985), *La seca* (1986) y *Por el ojo de la cerradura* (1993). En 1986 su cuento "La seca" recibió el primer premio Pola de Lena en España y en 1989 fue finalista en el II Concurso Ana María Matute en España. Está incluida en diversas antologías de la narrativa y poesía paraguayas. Sus temas abarcan la libertad, la mujer y el universo cultural de Paraguay.

Durante su conferencia, Renée Ferrer expresó las siguientes ideas:

"Poco se sabe en realidad de la narrativa paraguaya actual, exceptuando las obras de los escritores que trabajaron en el exilio, el cual, si bien marcó a fuego sus existencias, fructificó en una palabra tan densa como certera y resplandeciente.

"Nuestra literatura de ficción procede de dos vertientes bien definidas. Una, gestada en el exterior, hija de la diáspora provocada por las convulsiones políticas, las luchas fratricidas y 'la treintenaria noche' de la dictadura 'stronista', y otra, tributaria de un encierro que lleva sobre sí la huella del cerrojo y de la persecución.

"El aislamiento de nuestro país, debido a estas lamentables circunstancias políticas y a sus características geográficas de mediterraneidad, nos ha condenado al desconocimiento de cuanto se hizo dentro de este espacio que se ha dado en llamar 'el pozo cultural', al decir del poeta Carlos Villagra Marsal, o 'la isla sin mar', según Juan Bautista Rivarola Matto, o 'esta pequeña isla rodeada de tierra', en palabras de Augusto Roa Bastos.

"A pesar de las condiciones adversas que provocaron una evidente desactualización con respecto a los centros principales de cultura, no obstante la censura o, en el mejor de los casos, la indiferencia a la que estuvieron sometidos los artistas por obra y desgracia de un régimen totalitario, se gestó en el Paraguay una narrativa que tiene más de una treintena de autores contemporáneos, sin contar los consagrados extrafronteras.

"La narrativa producida en el destierro por escritores que llevan la carga del extrañamiento se benefició de una extensa difusión, en tanto que la otra, troquelada dentro de los límites asfixiantes de un país donde disentir con el sistema provocaba el ensañamiento, el ostracismo o la cárcel, sobrelleva el estigma de lo incógnito y aun la sombra de la inexistencia.

"Es cierto que nuestra narrativa tuvo un desarrollo tardío y que no cuenta con una tradición centenaria como otras del continente latinoamericano, pero es de justicia acotar que floreció en el Paraguay, a comienzos de siglo, una generación llamada del 900, cuyos integrantes, si bien se abocaron al estudio de la historia, poseídos por el *ethos* nacionalista, por las secuelas de la derrota de la Guerra de la Triple Alianza y los conflictos del momento, escribieron obras que, debido al alto contenido estético de su prosa y la tendencia a la fabulación, pueden considerarse un antecedente prestigioso de nuestra prosa de ficción.

"Hay otro elemento que agrega complejidad a nuestra literatura. El bilingüismo hispanoguaraní condicionó casi toda la producción de los últimos cincuenta años, llevando a los narradores a la búsqueda de soluciones diversas en su esfuerzo por integrar la lengua soterrada al discurso narrativo en castellano. Dicha actitud de fidelidad hacia el código lingüístico predominante se observa tanto en los escritores del destierro como en aquellos que padecieron el confinamiento interior.

"Estas obras que portan los signos de la paraguayidad, gestadas fuera de las lindes del propio territorio con bastante antelación a la que se desarrollará en el país, inaugura no sólo la modernidad, sino una corriente criticista, cuestionadora de la realidad, opuesta a aquella otra, costumbrista, que nucleó a nuestros primeros escritores en torno a los temas del folclore, las tradiciones y los mitos guaraníes."

Paraguay *29 de marzo de 1994*

Annick Sanjurjo*, profesora de lingüística y literatura y redactora de la revista* Américas*, en una charla ilustrada sobre* ***El Paraguay en sus artes plásticas.*** *Sus palabras se publicaron en* Encuentros, N° 5.

"El quehacer histórico del Paraguay hizo que su proceso cultural se produjera, desde tiempos de la colonia, por pedazos discontinuos..."

Annick Sanjurjo de Casciero (Asunción, Paraguay, 1934) se ha distinguido por su trabajo de difusión de las artes plásticas latinoamericanas. En las últimas décadas colaboró con el Consejo Internacional del Museo de Arte Moderno de Nueva York, estableciendo vínculos con los museos latinoamericanos. Asimismo, fue redactora de las secciones de libros y artes de la revista Américas y archivista del Museo del Arte de las Américas (OEA). Ha publicado artículos y producido diversos materiales audiovisuales sobre arte y artistas continentales.

Annick Sanjurjo presentó un panorama del arte paraguayo de 1900 a 1970, centrando su disertación en las manifestaciones artísticas de la colonia, así como las producidas durante la Guerra de la Triple Alianza.

"La sobrevivencia del idioma guaraní no sólo habla de aislación y de poca movilidad dentro de la sociedad paraguaya, sino que denuncia la coexistencia de dos grupos, casi de dos culturas dispares, con valores espirituales y morales diferentes, amalgamados en cierto modo, pero no del todo integrados. Estas dos vertientes culturales no han de encontrarse en el arte sino muy rara y esporádicamente.

"La sociedad asuncena, descendiente de las indias guaraníes y de los poquísimos primeros conquistadores que llegaron a la región, aunque sigue hablando, mal o bien, el guaraní, estuvo históricamente más expuesta a las ideas cosmopolitas, y siempre vivió, también mal o bien, dentro de la cultura occidental. Es ella la que produce y consume arte.

"Por más de un siglo, de 1609 a 1767, los jesuitas, a través de sus misiones, desarrollaron un estilo arquitectónico y decorativo que se conoce, propia o impropiamente, como barroco hispanoguaraní. Pero ni ellos, ni los talleres franciscanos que florecieron en el siglo XVIII, crearon escuela, como la Escuela de Quito o Lima. Tampoco produjeron artistas en el verdadero sentido de la palabra, ya que su objetivo era catequizar, no enseñar a crear. Enseñaron a copiar, y cuanto más exactamente, mejor.

"Sin embargo, en manos del indígena, esta copia adquirió otro acento expresivo, que puede aún notarse en la cerámica en la que las desproporciones y distorsiones a nuestros ojos probablemente no lo sean para quienes la hacen. Estas características, comunes a cualquier manifestación popular, no son admisibles en manos ya entrenadas como eran las que trabajaban bajo la supervisión de los sacerdotes. Y sin embargo, las encontramos también, con ciertas variaciones, en la santería o imaginería.

"Ello nos indica que la concepción estética occidental ni fue ni es sentida de la misma manera. Por el contrario, la represión del genio creativo ha instalado miedos y vergüenzas hacia la cultura propia, los que, agravados por otras faltas de libertades, se hacen sentir en las artes por ausencias inconcebibles.

"Hemos de esperar, así, hasta mediados del siglo XIX para que una guerra hiciese aflorar talentos escondidos que, significativamente, iban a hacer uso de elementos de las dos culturas. Al producirse la Guerra de la Triple Alianza, la necesidad de mantener vivo el patriotismo de los soldados hace aparecer unos periódicos de trinchera, entre ellos el *Cabichuí* (avispa en guaraní). Escrito en español y guaraní, este periódico estaba profusamente ilustrado con grabados jocosos, de indudable calidad, que hacían alusión a la contienda, pero que sobre todo ponían en ridículo al enemigo.

"Pese a estar hechas por diferentes manos, estas ilustraciones presentan una asombrosa unidad de concepción, una composición de indudable equilibrio de formas y espacios, y un humor espontáneo y fresco, característico del criollo.

"Es digno de notar que, como parte integral de estas ilustraciones, aparecen animales que no están representados fotográficamente, sino como una suerte de 'personificación', con la que adquieren tanta vida e importancia en la ilustración como los seres humanos. Más que animales, son símbolos imbuidos de alma, que es como el indígena sentía a la naturaleza, y que en el habla popular ha pasado a ser la manera en que inmediatamente un "cristiano" recibe el mote exacto que, en la mente popular, inspira su personalidad o apariencia física. Por ejemplo, *El Gran Bragueta Ovi-Sapi-Geringlo-Tortuguífero Marqués de Cajón e Cachimbo* es Luis Alves de Lima e Silva, duque de Caxias, militar y político brasileño de destacada actuación durante esta guerra. Caxias aparece en todas estas ilustraciones con cuerpo de sapo bien alimentado."

Uruguay *6 de abril de 1994*

***Nibya Mariño**, pianista, interpretó obras de Robert Schumann en un recital auspiciado en colaboración con la OEA.* *"Su concentración perfectamente adaptada le permitió explorar finamente la dinámica y los recursos temáticos, con un efecto lleno de colorido incitante y lirismo. La sólida técnica de la pianista en todas estas piezas sumamente exigentes sirvió de respaldo inquebrantable a su elegante lectura."* — The Washington Post, *8 de abril de 1994.*

España *26 de abril de 1994*

***Alfonso Sastre**, ganador del Premio de Teatro de 1985 y del Premio Nacional de Literatura de 1995, en España, en una conferencia sobre **El porvenir del drama** que quedó plasmada en* Encuentros, N° 6.

Alfonso Sastre (Madrid, España, 1926) es una de las figuras más sobresalientes y complejas del teatro español de este siglo, además de notable narrador, poeta, ensayista, guionista de cine, articulista y hombre comprometido con las ideas políticas que considera justas. En 1945 participó en la creación del grupo de teatro de vanguardia "Arte Nuevo", con el que estrenó sus primeras piezas experimentales *Uranio 235* y *Cargamento de sueños*. Luego recorrió un largo camino, que incluyó la formación de grupos como el "Teatro de Agitación Social" y el "Grupo de Teatro Realista", y estrenó obras como *Escuadra hacia la muerte, La mordaza, El cuervo* y otras. Sus premios más destacados fueron el Premio Nacional de Teatro (1985) y el Premio Nacional de Literatura (1993).

El siguiente es un extracto de su conferencia:

"El drama surgió muy vinculado a la religión, y ese proceso de secularización ha conducido al extremo de una ausencia completa del tema religioso e incluso a la tesis de que el teatro podía ser un instrumento de intervención política revolucionaria en las sociedades. Efectivamente, a partir del final de la primera guerra mundial, surge en Berlín la idea de un teatro político, que nace allí a la sombra y al calor de la revolución soviética, y hay toda una línea de teatro político que ha tenido sus expresiones en distintas formas. Por ejemplo, el teatro documento. Hasta el punto de que, incluso reduciendo los aspectos lúdicos, ha habido ocasiones en que las expresiones teatrales han dejado de ser, no del todo, pero han dejado mucho de ser actos lúdicos, para convertirse en actos extremadamente políticos.

"Nuestra estructura, esa estructura de la cual yo digo que adquirió su forma definitiva, citando a Aristóteles, hace 25 siglos, esa estructura sigue siendo visible. Por eso digo yo que hay historia del drama y también hay una estructura que parece no histórica y en cierto modo está al servicio de la historia, manteniéndose la estructura como tal. En momentos determinados se ha pensado que ese oficio se iba a terminar. Por ejemplo, hubo una situación de crisis con la aparición del cine sonoro, que fue bastante grave, o por lo menos repercutió en la conciencia de algunas gentes del teatro de un modo muy serio. Se pensó que el drama estaba llegando a sus últimos momentos puesto que el cine sonoro podría asumir el mensaje que el drama había transportado hasta entonces y hubo dramaturgos de aquellos años que consideraron que el teatro había terminado su viaje. Yo me acuerdo, por ejemplo, de Lenormand, que era un gran autor, hoy olvidado; él estaba un poco en la línea del teatro psicológico que surgió bajo la cobertura de las investigaciones científicas de Freud, que alcanzaron una gran repercusión en el ámbito del drama. El vio la situación como muy catastrófica y escribió un drama que se titula *Crepúsculo del teatro*. Ese drama era la historia de una sala de teatro que se convertía en local de cine, y esa conversión le servía a él para hacer su metáfora del final del drama. En ese momento no eran solamente los escritores de drama quienes estaban en cuestión, sino también los actores dramáticos que se consideraban ajenos a los proyectos del cine. Yo me acuerdo que había, por ejemplo, un personaje de un autor que le decía a otro: 'Bueno, ahora empieza el cine; nosotros somos actores y vamos a hacer cine pero...', decía el personaje reflexionando, '¿dónde nos meteremos nosotros de ahora en adelante mientras nuestros fantasmas sean proyectados en las pantallas cinematográficas?' Era una cosa que no veían muy clara, es decir, el actor de teatro es un actor que está allí donde se está produciendo el hecho y estos actores pensaban dónde se meterían mientras los que estuvieron allí presentes no fueran ellos sino una imagen fantasmal proyectada en una pantalla.

"A pesar de todo, en el teatro todo siguió yendo muy mal porque antes de la aparición del cine también iba muy mal. Recuerdo un escrito de Galdós a finales del siglo XIX, en el cual él, haciendo una reflexión que podría ser la misma que yo estoy intentando ahora, decía que 'hablar de la crisis del teatro huele ya a puchero de enfermo'; es una expresión para decir que es una cuestión muy antigua, que siempre se ha hablado de la crisis del teatro. Estamos a finales del XX y seguimos hablando de la crisis del teatro, y muchas veces sin darnos cuenta de que ese elemento de crisis forma parte de la esencia de esta actividad nuestra. Nos tendríamos que haber dado cuenta ya, ante la observación histórica, de que el teatro nunca ha tenido una vida boyante, siempre ha sido inquietante y azarosa."

Argentina *28 de abril de 1994*

Mesa Redonda con la guionista ***Aída Bortnik*** (La historia oficial), *el poeta y periodista* ***Santiago Kovadloff*** *y el novelista y crítico* ***Juan Carlos Martini****, en una charla sobre* ***Cultura y democracia en Argentina.***

Colombia *24 de mayo de 1994*

Jack Krumbein Mejía*, joven violinista, solista del New England Youth Ensemble de Massachusetts, interpretó a compositores clásicos, entre ellos Beethoven, Brahms y Paganini, acompañado en piano por Cara Ellen Modisett.*

Perú *8 de junio de 1994*

***Las líneas de Nazca**, conferencia a cargo del **Dr. Ramiro Matos**, arqueólogo y curador visitante en la Institución Smithsonian, y la **Dra. Anita Cook**, profesora estadounidense de antropología en la Universidad Católica de Washington, sobre estudios realizados en torno a las famosas líneas del desierto peruano.*

España *21 de junio de 1994*

***José Ramón Méndez**, pianista ganador del Concurso de Música Chopin y del premio Harold Bauer de la Escuela de Música de Manhattan, interpretó a Chopin y a los compositores españoles Soler y Albéniz.*

Argentina *16 de agosto de 1994*

***Margarita Gutman**, arquitecta y profesora de historia urbana de la Universidad de Buenos Aires y becaria en los Centros Wilson y Getty, dictó una conferencia ilustrada sobre **Buenos Aires en 1910: el futuro del pasado**.*

Estados Unidos *25 de agosto de 1994*

***Edward Villella**, director artístico del Ballet de la Ciudad de Miami y ex primer bailarín del Ballet de la Ciudad de Nueva York bajo la dirección de George Balanchine, en la conferencia **Danza: del folklore a lo clásico.** Se publicó en* Encuentros, Nº 7.

Edward Villella (Bayside, Nueva York, 1936) ingresó a la Escuela de Ballet de Estados Unidos a los 10 años, pero interrumpió sus estudios de danza para cursar la licenciatura en transporte marítimo en la Academia Marítima de Nueva York. En 1957 fue invitado a ingresar al Ballet de la Ciudad de Nueva York bajo la dirección del coreógrafo más destacado del siglo XX: George Balanchine, y fue nombrado primer bailarín en 1960. Representó varios papeles por primera vez en el repertorio del Ballet de la Ciudad de Nueva York, entre ellos *Tarantella,* la parte de "Rubies" en *Jewels* y el papel de Oberón en *El sueño de una noche de verano.* Tal vez su papel más famoso fue el reestreno en 1960 del *Hijo pródigo.* Fue el único estadounidense a quien el público ha pedido alguna vez una repetición en el Teatro Bolshoi de Moscú. Entre los premios al mérito con que se le ha galardonado cabe citar el 38º Premio Capezio de Danza, el Premio Emmy por la producción de *Arlequín* para la cadena de televisión CBS, el Premio Frances Holleman Breathitt por su destacado aporte a las artes y a la educación de la juventud, y el Premio de la Sociedad Nacional de Artes y Letras al éxito de toda una vida. En 1986 fue fundador y director artístico del Ballet de la Ciudad de Miami, que bajo su dirección ha recibido elogios en todo el mundo. Su autobiografía se titula *Prodigal Son: Dancing for Balanchine in a World of Pain and Magic* (1992).

A continuación aparecen algunas ideas planteadas por el Sr. Villella:

"Quisiera comenzar con una pregunta: ¿qué es el ballet? Estoy seguro de que para la mayoría de nosotros evoca sílfides, lagos de cisnes, bellas durmientes y giselas. Eso evoca para mí. Pero, en particular, ¿tiene que ver solo con movimiento?

"Al agregar estructura y técnica a esta expresión humana normal, podemos hacer un gesto para llegar después a algo que me gusta llamar un vocabulario físico. Nosotros, los bailarines, hablamos un idioma físico y podemos conversar con ustedes físicamente. Lo logramos por medio de la línea y la forma; estamos en posición desde el tope de la cabeza hasta la punta de los pies y no nos movemos de forma arbitraria.

"Tratamos de hablar un idioma sin acento. Para llegar a la esencia del gesto, tenemos que deshacernos de lo innecesario para hacer un gesto sin impedimentos ni adornos. Todo se resume en la esencia absoluta. En ese punto podemos tomar nuestro vocabulario básico y convertirnos en poetas. Creamos poesía con abstracción a lo absolutamente necesario: la esencia del gesto. Luego nos convertimos en poetas del gesto.

"Por supuesto, estamos en el escenario, lo que indica inmediatamente teatro y drama. Tenemos que ser alguien allá, de modo que debemos entender no solo las relaciones humanas sino el comportamiento en las diversas épocas de la historia y del estilo. Queremos interpretar los temas de la vida, comunes a toda la gente.

"De manera que usamos varios elementos más allá de los físicos para mostrar a ustedes, a nuestro público, la estética que encierra el cuerpo humano y cómo podemos comunicarnos en este idioma internacional. Es un hermoso sentido, una hermosa idea.

"Pero no se trata solo de dar unos pasos con la música y llamar a eso ballet. Necesitamos un punto de partida en sentido coreográfico; debemos tener una razón para bailar. Eso nos lleva a la finalidad de mi disertación de esta tarde, que es el folclore y cómo relacionamos la danza folclórica con esta clase de gesto tan formal, casi imperial. Al observar los espectáculos del siglo XIX, se encontrarán aspectos de esas obras basados en tarantelas, danzas españolas, mazurcas, polonesas, todas las danzas folclóricas. Podemos tomar una idea maravillosa, alguna expresión oída en la plaza de un pueblo y llevarla al teatro, formalizarla de manera que se extienda más allá de los orígenes básicos de las danzas que permiten que los hombres demuestren su fuerza física, y las mujeres, su gracia y feminidad.

"Por medio de los orígenes del folclore, podemos relacionarnos directamente con nacionalidades y períodos determinados en lo que respecta a estilo. En Miami solemos pensar a veces que somos la puerta de entrada a América Latina y, por estar allá, el Ballet de la Ciudad de Miami recibe la influencia natural del medio. Hacemos trabajo de origen hispanoamericano, basándonos en temas de esa cultura. En nuestra compañía tenemos a muchos hispanoamericanos, a saber, bailarines, administradores, coreógrafos, diseñadores de vestuario y otros. Estamos rodeados de personas de talento y buscamos talento.

"La idea de poder hablar y comunicarnos en la esfera internacional es maravillosa. A diferencia de los políticos y la gente de negocios, podemos representar la cultura desde nuestro punto de vista y conocer la cultura de otras colectividades. De esta forma disfrutamos de los valores humanos básicos directamente relacionados con la maravilla del arte y de la cultura. En mi opinión, el arte y la cultura nos dan lo que llamamos esperanza. Es una idea hermosa. Entendemos el estado a que lamentablemente ha llegado el mundo. Existen elementos oscuros en la mente y el espíritu humanos, pero también circunstancias sublimes como estas al alcance de todos nosotros.

"Creo que he sido una de las personas más afortunadas del mundo por tener una profesión que amo y que me ha permitido participar tangencialmente en tantos otros aspectos de la vida. Algunos de mis colegas me dicen: '¡Caramba! Te entierras en el teatro y dejas pasar la vida'. Mi respuesta es: 'Miren lo que se han perdido'. He tenido el gran privilegio de trabajar con un hombre llamado George Balanchine y, al mismo tiempo, con otro llamado Jerome Robbins. En mi primer año en el Ballet de la Ciudad de Nueva York tuve frente a mí a Igor Stravinsky, a Rieti y al genio de Lincoln Kirstein. Ahora trato de explicar a los bailarines del Ballet de la Ciudad de Miami la importancia de esas personas, que son los gigantes de este siglo, los comunicadores de este siglo, que cambiaron la apariencia de sus formas de representación artística. A medida que comienzo a legar esas obras a mis alumnos, les digo que están en presencia de genios. Cuando se interpreta correctamente un ballet de Balanchine, tenemos ante nosotros la mente de George Balanchine. Y si es la obra de Balanchine con la música de Igor Stravinsky, tenemos ante nosotros esas dos mentes que se complementan. Les dije antes que tratamos de dar un carácter físico a la música, y la unión del genio de un Balanchine con un Stravinsky es extraordinaria.

"Para representar a Balanchine es preciso entender la música del siglo XX y moverse a su ritmo. Con frecuencia cada vez mayor, cuando viajo, descubro que se enseña menos danza que música; se presta mucha más atención a las posiciones básicas que a la forma en que se conectan. Cuando enseño, comienzo cada clase insistiendo en la *presentación* , en que los bailarines se desplacen hacia arriba, al frente y afuera en un movimiento suave de pies a cabeza. De ahí pueden *liberar* el gesto. Esta es parte de la tradición que aprendí de mi maestro y que ahora transmito a mis alumnos. Al crear el Ballet de la Ciudad de Miami quería ayudar a establecer una compañía que mantuviera la estética de Balanchine iniciada en el siglo XIX y le infundiera la energía del siglo XX. También abrigaba la esperanza de que la compañía participara en la próxima evolución de esta forma artística llamada ballet."

Chile *30 de agosto de 1994*

***Eulalia Donoso**, novelista, disertó sobre la dominación paterna en su libro* Apacible vida provinciana *(1993).*

Uruguay *8 de septiembre de 1994*

***Luis Batlle**, pianista, ex juez del Concurso Tchaikovsky de Moscú y del Concurso Internacional Bach, en residencia en Marlboro College en Vermont, interpretó un programa de música de Mozart.*

Japón *27 de septiembre de 1994*

***Kyoko Saito**, soprano ganadora de las audiciones internacionales de la serie Jóvenes Concertistas (1992), ofreció un recital en el BID con obras de Brahms, Debussy, Poulenc y de los compositores japoneses Dan y Nakada, acompañada en piano por **Eri Kang** (izquierda).*

Belice *30 de setiembre de 1994*

***Zee Edgell**, novelista, autora de* Beka Lamb *y profesora de composición literaria de la Universidad Estatal de Ohio en Kent, ofreció la conferencia titulada **Belice: una perspectiva literaria**, cuyo texto se publicó en* Encuentros, N° 8.

Zee Edgell (Ciudad de Belice, Belice, 1940) fue reportera del *Daily Gleaner* de Kingston, y entre 1966 y 1968 fue jefa de redacción de un pequeño periódico en Belice. Tras extensos viajes y diversos períodos de residencia en el exterior, volvió a Belice al magisterio y de 1981 a 1982 ocupó el cargo de directora de la Oficina de la Mujer del gobierno de ese país. Entre 1986 y 1987 fue directora del Departamento de Asuntos de la Mujer. Su primera novela, *Beka Lamb* (1982), forma parte del programa obligatorio de muchas escuelas primarias en el Caribe. Otras novelas son *In Times Like These* (1991) y *The Festival of San Joaquín* (1996).

Entre las muchas ideas que Edgell expresó, cabe destacar las siguientes:

"Preparé esta disertación para examinar con ustedes algunos valores, actitudes y tradiciones de mi país que trato de explorar en mis novelas. También me propongo hablar con ustedes hoy desde el punto de vista de una persona que lucha a diario con las complejidades y contradicciones de ser escritora, mujer, criolla de raza negra y beliceña.

"Mis novelas suelen comenzar con un incidente particular de la historia de Belice, totalmente ajeno a la voluntad de mis personajes pero que afecta directamente su vida. Por ejemplo, *Beka Lamb* exploró los efectos que tuvo en los beliceños la desvalorización del dólar de Honduras Británica por el poder colonial, los orígenes del movimiento nacionalista y la lucha ulterior por la autonomía. Otro asunto de interés personal fue la mayor oportunidad de instrucción para la mujer.

"Hasta la fecha, mis protagonistas han sido mujeres, porque soy mujer y deseo seguir explorando nuestra situación en el entorno de Belice. Necesito tratar de entender por qué valora tanto nuestra cultura a una mujer silenciosa, por qué se enorgullecen tanto los hombres de nuestra sociedad de las mujeres casadas o en unión consensual, que raras veces salen de la casa sin permiso del hombre y sin estar acompañadas por él.

"Necesitaba tratar de entender, dentro del contexto cultural de Belice, por qué las mujeres somos como somos en la sociedad, el papel que se espera de nosotras, nuestras respuestas a esas expectativas, el embarazo de las adolescentes, el embarazo por razones económicas, la falta de acceso de la mujer a los recursos, las imágenes, los estereotipos y las formas de percepción de la mujer de Belice y los cambios que han ocurrido y siguen ocurriendo con el transcurso de los años.

"Quería saber por qué es tan difícil que la mujer termine su educación formal, entender su respuesta al hombre que le dice qué debe hacer, por qué tiene tantos hijos sin que viva ningún hombre en la casa regularmente para ayudarle a criarlos y cómo afronta la violencia doméstica, las drogas y la creciente tasa de delincuencia en las ciudades y pueblos de todo el país.

"Creo que mi actitud hacia mi intención es decidida, clara y coherente porque tengo un profundo sentido de pesar de que tanta gente criolla y de otros grupos de Belice y de otros países esté en un caos económico, social, político y cultural. Me entristece mucho que tantos criollos negros se hayan visto ante la cruel alternativa de emigrar de Belice legal o ilegalmente, dejando atrás a niños como *Raindrops,* mi último personaje, por necesidades económicas percibidas y reales y por presiones políticas, sociales y culturales.

"Mi propósito al escribir esta novela sobre *Raindrops* es probar que, con un gran amor altruista, aun en medio de catástrofes sociales, políticas, económicas y culturales y de patrones culturales variables, y con educación, adiestramiento, empleo y buen asesoramiento financiero de un mentor respetado, honrado, próspero y trabajador, un niño negro pequeño, ambicioso, semianalfabeto y abandonado puede convertirse en un ser próspero y más humanitario. Eso sucede en Belice (aunque no con la debida frecuencia), a pesar de circunstancias muy adversas.

"Hace muchos años, en algún país extranjero, vi por primera vez una cita atribuida a un intelectual peruano llamado Augusto Salazar Bondy. No sé mucho más sobre él, pero nunca he olvidado lo que dijo o escribió: 'El subdesarrollo no es apenas una colección de índices estadísticos que permiten trazar una imagen socioeconómica. Es también un estado de ánimo, una forma de expresión, un punto de vista y una personalidad colectiva marcada por enfermedades crónicas y formas de inadaptación'."

Ecuador *5 de octubre de 1994*

***Magdalena Gallegos de Donoso**, antropóloga, subdirectora de los Museos del Banco Central de Ecuador y cocuradora de la exposición presentada en el Centro Cultural sobre escultura religiosa, ofreció una conferencia ilustrada sobre **El desarrollo de la escultura en la Escuela Quiteña,** publicada en* Encuentros, Nº 9.

Magdalena Gallegos de Donoso (Riobamba, Ecuador, 1951) ha dedicado los últimos veinte años a la investigación del arte ecuatoriano, su contextualización histórica y su iconología. Ha publicado más de 50 catálogos, así como artículos en revistas especializadas. Sus investigaciones incluyen *Iconografía de la Virgen de Quito* (1990) y *Artesanos y gremios en el siglo XVII: el caso de Bernardo de Largarda* (1992).

A continuación se presenta un extracto:

"Cuando Europa se enfrentó a América, se opusieron dos niveles de civilización diversos, dos culturas de trayectoria enormemente rica pero diferente, dos formas de concebir el mundo, dos cosmovisiones distintas, aunque ninguna mejor o peor que la otra, simplemente diferentes. Es evidente que se produjeron numerosos choques, la destrucción de sustentos ideológicos y la alteración absoluta de la vida, fundamentalmente. El resultado fue un mestizaje racial, cultural y filosófico-religioso del cual hoy todos los ecuatorianos somos herederos.

"Curiosamente, existen patrones conceptuales similares entre Europa y América, que nos ayudan a comprender el por qué del temprano desarrollo del arte colonial en Quito y sus niveles cualitativos y cuantitativos de producción.

"Para unos y otros, el arte era un don divino. El artista era mensajero de los dioses o su intérprete y servidor. El arte se hacía por y para la religión, y por eso no fue difícil reinterpretar los cultos ancestrales basados en la naturaleza con el culto cristiano.

"En el siglo XVI, la producción artística era principalmente foránea. Las obras locales se apegaban estrictamente a los modelos peninsulares. El aporte aborigen era casi inexistente, pues como ser vencido y colonizado, el indio no disponía de libertad y su creatividad estaba reprimida. Pero a pesar de todo, existen indicios que nos demuestran que la creación no puede ser del todo acallada, sobre todo cuando existen concordancias conceptuales importantes. Para vencedores y vencidos, el objeto artístico era, a la vez, un objeto cultural.

"La imagen sagrada es el objeto plástico que sirve como mirador entre el devoto y el personaje sacro. El objeto artístico religioso es el material referente para una relación de carácter espiritual debido a que el ser humano requiere de lo tangible para relacionarse con lo intangible. En ello radica la importancia del culto, del rito, del objeto votivo presentes en la universalidad de las religiones en todas sus dimensiones espacio-temporales.

"El objeto sagrado era, además, depositario o espejo de la divinidad, y en el caso de la Virgen María es receptáculo físico de la divinidad. A él se dedicaban los mejores artífices, los más ricos materiales, el oro de la tierra. La profusión de oro en las imágenes religiosas y en los templos obedece a una antigua tradición medieval en el arte cristiano que coincide con prácticas religiosas aborígenes: la de considerar el oro como el color de Dios, de lo sagrado, de lo trascendental. Los colores del iris son, en cambio, del hombre, de lo profano, de lo terrenal.

"Por otro lado, ocho siglos de dominación árabe en España dejaron una marca imborrable que persiste en las colonias iberoamericanas. Y en Quito se encuentran ejemplos fundamentalmente en los artesonados, como en la Iglesia de Santo Diego. La perfección de la técnica y el acabado, como cárabes, lacerías y más elementos formales y el apego a los cánones moriscos, sólo se explican con la presencia de artífices mudéjares en los territorios de la Real Audiencia.

"Y también hay curiosos indicios de la influencia oriental. En algunos marfiles y placas talladas en hueso aparecen personajes de ojos rasgados.

"Evidentemente, también hay una larga tradición medieval europea en el arte quiteño. Hay obras que no responden a los cánones renacentistas de primera mano, sino que se inspiran en tradiciones más arcaicas, en donde los patrones simbólicos son más fuertes que los formales. La desproporción escultórica de las imágenes, como en el caso de una Piedad donde el cuerpo difunto de Cristo es demasiado pequeño para el tamaño de su madre, parece originarse en las reflexiones de San Bernardo de Claraval, santo francés del siglo XII, que sugiere que María, al recibir el cuerpo difunto de su Hijo, hubiera deseado que no hubiesen pasado los días de Belén en que acunaba al Niño Jesús entre pañales. Tal vez por eso refuerzan el tamaño pequeño del Cristo. El hieratismo aleja al espectador devoto de la realidad histórica y lo transporta al contenido: el dolor de la humanidad por cuyo pecado muere el Redentor."

Chile *18 de octubre de 1994*

***Ensemble Bartok**, conjunto de cámara integrado por cuatro músicos y una contralto, interpretó a compositores contemporáneos chilenos y de otros países latinoamericanos, con la participación del Quinteto de Cobres de la Marina de Estados Unidos y del compositor Edward Brown.*

Brasil *25 de octubre de 1994*

***Sonia María Vieira**, pianista, cinco veces ganadora del "Mejor disco del año" y ex decana de la Escuela de Música de la Universidad Federal de Río de Janeiro, interpretó a Debussy y a los compositores brasileños Levy, Nazareth y Lorenzo Fernández.*

Finlandia *22 de noviembre de 1994*

***Jan-Erik Gustafsson**, violoncelista ganador de las audiciones internacionales de la serie Jóvenes Concertistas (1994) y del segundo premio en el Concurso Internacional de Violoncelo Leonard Rose en 1993, interpretó a Poulenc, Beethoven y Chopin, acompañado en piano por **Heini Käarkkäinen**.*

Israel *9 de enero de 1995*

***Michal Dayagi-Mendels**, arqueóloga del Museo de Israel en Jerusalén y cocuradora de la exposición* **Belleza intemporal: antiguos recipientes de perfumes y cosméticos** *presentada en el BID, ofreció una conferencia sobre el tema.*

Francia *26 de enero de 1995*

***Jean-Efflam Bavouzet**, pianista de la serie Jóvenes Concertistas, ganador en 1989 del Premio Steven de Groote en el Concurso Van Cliburn, interpretó a Wagner, Ravel y Chopin. "El pianista francés supo encarar el desafío de su propio programa... La selección reflejó su predilección por líneas musicales y el estilo dramático."* —The Washington Post, *27 de enero de 1995.*

Estados Unidos *7 de febrero de 1995*

***James Brady**, antropólogo de la Universidad George Washington, en la conferencia ilustrada **La cueva de los cráneos luminosos**, sobre hallazgos arqueológicos en la región del río Talgua, en Honduras. La disertación estuvo acompañada por una muestra de los fósiles descubiertos y fue presentada en cooperación con la Embajada de Honduras y el canal de televisión Discovery. "En setiembre pasado, un grupo de arqueólogos anunció un hallazgo sorprendente en la selva de Mosquitia, en Honduras: una cueva llena de cráneos luminosos, que forman parte de los restos de una antigua cultura... La semana pasada se anunció algo aun más sorprendente: los cráneos datan del año 1000 a.C., o sea que son mucho más antiguos que lo que se suponía. Eso significa que este asentamiento humano data de los primeros días de existencia de ciudades mayas tales como Copán."* — The Washington Post, *30 de enero de 1995.*

Estados Unidos *7 de marzo de 1995*

***Christopheren Nomura**, barítono estadounidense de origen japonés, Embajador Artístico 1994 del Servicio de Información de Estados Unidos (USIA), interpretó a Copland, Schubert y Ravel, acompañado en piano por **Kayo Iwama**.*

Japón-Estados Unidos *23 de marzo de 1995*

***Ann Yonemura**, estadounidense, curadora adjunta de arte japonés en las galerías Freer y Arthur M. Sackler de la Institución Smithsonian, ofreció una conferencia sobre las artes de Japón, como complemento de la exposición en el Centro Cultural **Tesoros del arte japonés**.* Encuentros, Nº 10.

Ann Yonemura (Oakland, California, 1947) ha montado más de 33 exposiciones en la Galería Freer desde 1976; las más recientes fueron en 1995 y se titularon **Whistler y Japón**, con Linda Merrill, y **La vida de un pintor japonés**. Entre las principales exposiciones presentadas en la Galería Arthur M. Sackler se encuentran **Yokohama: estampas del Japón del siglo XIX** (1992). Es autora de *Japanese Lacquer* (1979) y *Yokohama: Prints from Nineteenth-century Japan* (1990), entre otros libros.

Se transcribe un extracto de su disertación:

"El biombo, que en japonés se dice *byobu,* palabra que literalmente significa 'protección contra el viento', es muy apreciado fuera de Japón como pintura, por sus cualidades puramente formales del color, el dibujo y el efecto opulento del uso extenso de hojuelas de oro en muchos casos. Los dos biombos del Museo Fuji que se exhiben actualmente en el Centro Cultural tienen dimensiones y formas características. Ya sea completamente desplegados, como se los coloca a menudo para facilitar la instalación y la observación, o parados en medio de una sala, los biombos japoneses que se exhiben en museos y galerías están muy alejados de la doble función que desempeñaban originalmente como pinturas de gran tamaño y mamparas con una función arquitectónica y fáciles de mover que pueden configurarse de muy diversas formas.

"En Japón, todas las actividades de la vida diaria (comer, dormir, leer, tocar un instrumento, escuchar música y escribir) tradicionalmente se realizaban en el suelo, con un mínimo de mobiliario. En este entorno, los biombos de aproximadamente un metro y medio de alto crean espacios íntimos y ambientes estéticos y elegantes en salas de mayor tamaño. En una escena de una ilustración del siglo XII de la *Historia de Genji,* novela que transcurre en la corte imperial, hay un biombo con un paisaje a la derecha del lugar donde el hijo del príncipe Genji visita por última vez a Kashiwagi, su amigo moribundo; según la costumbre del período Heian, las mujeres de la casa permanecen ocultas tras una cortina de seda.

"En una escena pintada en un rollo de papel por Miyagawa Choshun (1683-1753), un biombo desempeña una función similar en un ambiente más modesto donde un grupo se divierte cantando, acompañándose con un pequeño tambor, en una sala cuyas puertas corredizas, abiertas al exterior, dejan ver el crepúsculo otoñal. Cuando hacía buen tiempo, en primavera y en otoño, se colocaban biombos incluso al aire libre. En un biombo del siglo XVII de Hishikawa Moronobu (alrededor de 1618-1694) que está en la Galería de Arte Freer, un grupo de mujeres de alta posición mantiene la intimidad con un par de biombos durante una excursión al parque Ueno, que aún sobrevive en la moderna ciudad de Tokio como uno de los grandes lugares abiertos y en primavera es famoso por los cerezos en flor. En consecuencia, en Japón los biombos con sus pinturas eran, para sus afortunados propietarios, parte de un entorno visual ocasional pero familiar e íntimo que prácticamente envolvía al observador. Después de la ocasión, los biombos se plegaban y se guardaban sin que ocuparan mucho espacio; un biombo de tres metros y medio de ancho completamente desplegado puede tener menos de dieciséis centímetros de ancho cuando está plegado. Los propietarios prósperos tenían muchos biombos en sus colecciones, entre los cuales podían seleccionar pinturas apropiadas para la estación o para una ocasión determinada.

"Las dependencias públicas y privadas de grandes residencias, como el castillo de Nijo en Kyoto, que fue terminado a principios del siglo XVII por Tokugawa Ieyasu (1543-1616), tenían numerosos cuartos con paredes movibles que consistían en mamparas o puertas corredizas conocidas como *fusuma*. Cuando estas mamparas estaban completamente cerradas, formaban pinturas murales similares a las de los biombos, pero también podían correrse a un lado o quitarse para abrir una sala a otra y crear un recibidor más grande o simplemente para abrir un pasillo de una sala a otra.

"La preferencia por pocas paredes fijas ya estaba muy arraigada en la arquitectura japonesa en la época de las acuarelas de los rollos de papel del siglo XII con escenas de la *Historia de Genji*. En una escena, varias mujeres, poseídas de una intensa curiosidad, están apoyadas contra una mampara corrediza con un paisaje pintado para tratar de escuchar una conversación que tiene lugar del otro lado. En una pintura de un biombo del siglo XVII de la colección de la Galería Freer, que presenta una escena de la *Historia de Genji,* se aprecia el efecto combinado de los biombos sin ubicación fija en una sala y de las múltiples mamparas movibles que formaban las 'paredes' de las salas japonesas. Entre las nubes doradas, recurso artístico que 'enmarca' las escenas, las puertas corredizas que forman las 'paredes' de las salas permiten el acceso inmediato desde varias direcciones. Se pueden ver ejemplos arquitectónicos de este estilo en templos budistas de Kyoto, como el de Chishakuin.

"Por lo general, el perímetro de un edificio está formado por mamparas corredizas hechas de celosías de madera cubiertas con hojas de papel blanco translúcido, en vez de espléndidas pinturas. Fuera de estas mamparas movibles hay una galería que da al jardín, protegida por el alero del tejado. Una vista desde el interior del salón Togudo de Ginkakuji, residencia construida por el shogún Ashikaga Yoshimasa (1436-1490) a fines del siglo XV, muestra las puertas entreabiertas que enmarcan una vista del jardín. La puerta sencilla, cubierta con papel, filtra la luz que entra a la sala cuando está cerrada y define una relación variable entre el interior y el exterior cuando está abierta. En este sentido, el novelista japonés Tanizaki Jun' ichirō (1886-1965), en su ensayo sobre la estética *Elogio de las sombras,* escribe:

> Una sala japonesa puede compararse con una aguatinta: el *shoji* (la mampara de papel) es el lugar donde la tinta es más clara, y el rincón, el lugar donde la tinta es más oscura [...] Seguramente habrán visto, en la oscuridad de las salas más recónditas de esos grandes templos, adonde jamás llega la luz del sol, el reflejo de la luz tenue y distante del jardín en la hojuela de oro de una puerta corrediza o un biombo, y de pronto un resplandor etéreo, una débil luz dorada que atraviesa la oscuridad circundante, como el resplandor del horizonte en el ocaso. No hay ningún otro lugar donde el oro sea de una belleza tan exquisita [...] El hombre moderno, en su vivienda bien iluminada, no sabe nada de la belleza del oro, pero los que vivían en las casas oscuras del pasado no estaban meramente cautivados por su belleza, sino que también conocían su utilidad práctica, puesto que el oro, en esas salas de luz mortecina, debe haber servido de reflector [...] Sus propiedades reflexivas se aprovecharon para la iluminación.

"Volviendo al biombo del Museo de Arte Fuji, de Tokio, es posible imaginar el fondo con hojuelas de oro más sutil y mudable de lo que parece a primera vista. Asimismo, podemos reconocer que lo que inicialmente podría parecer como un arreglo formal de flores blancas sobre fondo dorado en realidad es una vista del jardín, como se vería por las puertas corredizas abiertas de una sala japonesa. Cuando la naturaleza es el tema del arte japonés, a menudo no es un lugar silvestre ni un paisaje pastoral idealizado, sino el jardín o la vista conocida desde una terraza. La naturaleza se percibe y se representa en íntima relación con el mundo del ser humano. Una observación más detenida casi siempre permite descubrir una referencia a una estación del año, más comúnmente la primavera y el otoño, las estaciones de la transición del frío sosiego del invierno a la abundancia exuberante del verano. Incluso los biombos sumamente decorativos, sin inscripciones, llevan implícitas fuertes asociaciones poéticas con las imágenes del vasto repertorio de la literatura japonesa clásica, como este verso de Ōe no Chisato, cortesano del siglo X: 'Al mirar la Luna, la tristeza me embarga de mil formas diferentes, a pesar de que el otoño no es mío solamente', o la inscripción de versos de un poema del mismo autor que forma parte de la decoración del pedestal laqueado que se exhibe en el Museo de Arte Fuji: 'No hay nada más bello que una luna brumosa en una noche vernal, ni despejada ni nublada'. El nexo inevitable con la poesía también influyó en el enfoque selectivo de la representación de la naturaleza por el pintor japonés, para quien la verosimilitud no era muy importante. En la Galería de Arte Freer hay un biombo que también tiene la Luna como tema. La Luna está baja en el firmamento nocturno y se ve entre las hierbas en flor sobre un fondo frío de hojuela de plata."

España *20 de abril de 1995*

***Ricardo Schmitz**, pianista graduado del Conservatorio Superior Real de Música de Madrid y ganador del segundo premio en el Festival de Música de Oxford en 1993, interpretó a Grieg, Chopin, Fauré y Bartok.* *"La manera como abordó esta partitura concitó, al mismo tiempo, nuestro interés y admiración, no solo por la apropiada técnica que usó, sino por la total inmersión en el universo de la lírica chopiniana que realizó, por así decirlo, al poner al servicio de esta música la suma de su fuego interno y lo mejor de su pujanza."* — Gaceta Iberoamericana, *verano de 1995.*

Colombia *21 de abril de 1995*

***Grupo Ballestrinque**, coro* a capella *integrado por 18 voces y dirigido por María Cristina Sánchez. Interpretó obras coloniales y contemporáneas de compositores colombianos y latinoamericanos en el atrio del Banco.*

Chile-Estados Unidos *18 de mayo de 1995*

***Quinteto Chacabuco**, conjunto de cámara radicado en Estados Unidos. Interpretó composiciones originales y tradicionales de la región andina, acompañado por el Coro Cantate y la flautista Diane Bartholomew, con la narrativa a cargo del actor Hugo Medrano.*

Perú *6 de junio de 1995*

Walter Alva** (a la izquierda, con el embajador del Perú, Ricardo Luna Mendoza), arqueólogo, director del Proyecto Arqueológico de Sipán y del Museo Arqueológico Bruning en Lambayeque (Perú), disertó sobre el descubrimiento y la excavación en 1987 de **Las tumbas reales de Sipán.

Uruguay *15 de junio de 1995*

***Anne-Marie Pessis**, antropóloga franco-uruguaya, directora científica de la Fundación Museo del Hombre Americano, presentó una conferencia ilustrada que complementó la exposición **Parque Nacional Serra da Capivara**, de Brasil, presentada en el atrio del BID.*

Perú *22 de junio de 1995*

***Mario Delgado**, director de la compañía teatral CuatroTablas, dio una charla sobre **El teatro como la última reserva ecológica del hombre**, con demostraciones de la compañía sobre método de actuación y su proceso colectivo de colaboración. "CuatroTablas llega a Washington precedido de una fama de brillante teatro de vanguardia y protesta."*

— Diario de la Nación, *16 de junio de 1995.*

Italia *26 de julio de 1995*

***Fabiana Biasini**, pianista ganadora del Concurso Internacional de Ibla y el Concurso Europeo de Piano, ambos en Italia, interpretó a Scarlatti, Mozart, Albéniz, Chopin y Liszt.*

España *15 de agosto de 1995*

***Ignacio Rodes**, guitarrista ganador del Premio Andrés Segovia y alumno de Manuel Barrueco y John Williams, interpretó a Dowland, Sor, Barrios, Tárrega y Turina.*

Perú *24 de agosto de 1995*

Gabriella De Ferrari*, autora peruana de* A Cloud on Sand *(1990) y* Gringa Latina *(1995), ofreció la conferencia* ***Identidad cultural y el nuevo inmigrante****, sobre la asimilación cultural, con referencias a otros escritores inmigrantes contemporáneos.*

Chile *18 de setiembre de 1995*

Coro de CEPAL*, integrado por 33 voces y dirigido por William Child, en un programa de música latinoamericana, durante su gira en Estados Unidos, en ocasión del quincuagésimo aniversario de las Naciones Unidas.*

México *26 de setiembre de 1995*

***Homero Aridjis**, poeta, autor de varios libros de prosa y poesía, presidente y fundador del Grupo de los Cien (organización ambientalista), ganador del Premio Global 500 de las Naciones Unidas, dio la conferencia **Hacia el fin del milenio**, cuyo contenido quedó plasmado en* Encuentros, Nº 11.

Homero Aridjis (Contepec, Michoacán, México, 1940) es autor de numerosos libros, entre ellos *Antes del reino* (1963), *Perséfone* (1967), *El poeta niño* (1971), *Espectáculo del año dos mil* (1981), *El último Adán* (1986) y *Gran teatro del fin del mundo* (1988). Su *Obra poética*, que abarca 34 años, se inició en 1994. Su última novela es *El Señor de los últimos días: visiones del año mil* (1996). Sus premios más destacados han sido el Premio Xavier Villaurrutia (1964) por *Mirándola dormir,* el Premio literario internacional Diana-Novedades (1988) por su novela *Memorias del Nuevo Mundo* y el Premio Grinzane Cavour (Italia) por la traducción italiana de *1492, Vida y tiempos de Juan Cabezón de Castilla,* a la mejor novela extranjera de 1992.

El siguiente es un extracto de las palabras de Aridjis:

"La cultura, como un ecosistema, no sólo está hecha por los grandes personajes, sino por una multitud de gentes pequeñas, anónimas o medianamente importantes, ahora poco recordadas o por completo olvidadas, las cuales, con sus ideas y trabajo, movieron y animaron el edificio material y espiritual del mundo en su momento. Esas urdimbres humanas, o tejidos familiares y sociales, han desaparecido, pero fueron determinantes para conformar el ecosistema de la cultura.

"Y hablando de ecosistemas, me pregunto con qué criterios, frente a las obras maestras del hombre, en este hipotético resumen milenario se van a considerar las obras maestras de la naturaleza; en qué museo, que no sea la Tierra, tendrán cabida; y qué crítico tendrá el juicio —biológico o estético— para juzgar el ramaje de un fresno, las coloraciones de un arrecife coralino, las plumas de una guacamaya, la piel de un tigre o las alas de una mariposa.

"El hombre del año mil vio las perturbaciones de la Naturaleza y de la vida humana como la acción del demonio, envidioso de la obra de Dios. Ahora esas perturbaciones las vemos como la acción del hombre, inconsciente de la obra de Dios.

"La tradición judeocristiana del Apocalipsis, que viene desde Ezequiel, San Pablo, San Juan de Patmos, hasta el Beato de Liébana y otros visionarios medievales, ha cambiado. A partir de la segunda guerra mundial, por la experiencia del Holocausto y de la carrera armamentista nuclear, podemos creer que el Apocalipsis será la obra del hombre, y no de Dios.

"En el ocaso del siglo XX, aún no nos hemos desprendido de los terrores medievales a la vida y, lo que es peor, del terror a la muerte. A veces tengo la sensación de que la conciencia del hombre es semejante a aquel espejo de obsidiana en el que los aztecas presenciaban el cuerpo presente en su condición cadavérica.

"¿Quién es el *homo ecologicus* para decidir sobre el destino y sobre el derecho a la existencia de otras criaturas y formas vivientes, cuyo misterio rebasa su inteligencia y capacidad de acción y reflexión? ¿Acaso no se perderá en el laberinto de la escatología, esa doctrina de las 'cosas últimas', o de los sucesos finales, como se han perdido tantos autores y visionarios antes de él en el ejercicio de su arte o de su religión?

"No basta que individuos sobrevivientes de especies sobreexplotadas se conserven en jardines botánicos o en parques zoológicos; es necesaria su conservación en el lugar donde nacen, se reproducen y se sustentan. Su hábitat debe ser su santuario. Las especies terrestres, desde los puntos de vista natural y moral, no son propiedad de nadie ni de ningún país, y ningún grupo o nación debe determinar ni condicionar su derecho a la vida. Invocar la soberanía nacional y el dominio territorial para justificar crímenes contra la naturaleza es pueril y deshonesto, como se ha dicho ya sobre los depredadores de la Amazonía y la Lacandonia, sobre los que matan ballenas, tortugas marinas, delfines y talan los bosques de la mariposa monarca.

"Novalis, en su 'Leyenda del poeta', evocó las épocas lejanas en que había poetas que con el sonido extraño de instrumentos maravillosos podían despertar la vida secreta de los bosques y reanimar en las tierras desiertas los gérmenes muertos de las plantas. Yo conmino aquí a los seres humanos para que juntos hagamos posible que el Orfeo mítico cante de nuevo entre nosotros en el próximo milenio.

"La ecología, como la poesía, debe ser hecha por todos."

Italia *16 de octubre de 1995*

***Giuseppe Scotese**, pianista, presidente de Nuova Consonanza (asociación de música contemporánea de Roma), interpretó a Platti y a compositores italianos del siglo XX, incluidas algunas obras originales. Presentado en colaboración con el Instituto Italiano de Cultura de Washington.*

Chile *7 de noviembre de 1995*

***Verónica Villarroel**, soprano, intérprete de* La Traviata *en la Opera Metropolitana de Nueva York (1995) y de* Luisa Miller *en la Opera de Washington en el Kennedy Center (1995), presentó un programa de arias y zarzuelas, acompañada en piano por Laura Ward.*

Acompañando a Verónica después de su recital aparecen la Directora del Centro Cultural, Ana María Coronel de Rodríguez (a la derecha), y la Coordinadora de conciertos y conferencias, Anne Vena.

Venezuela y Estados Unidos *10 y 11 de noviembre de 1995*

***Celebración de la música y de la juventud**, con los violinistas Tarumi (28 músicos de 2 a 17 años) y la Orquesta Sinfónica Juvenil Nacional de Venezuela (133 músicos de 9 a 16 años). El repertorio abarcó compositores clásicos, como Bach, Vivaldi y Beethoven. Los jóvenes músicos se presentaron en el atrio del BID, en la Sala de Conciertos del Kennedy Center y en las Naciones Unidas en Nueva York. Carlos B. Díaz escribió para la edición de febrero de 1996 de* Noticias de Arte, *de Nueva York: "Como director y presidente de esta publicación me siento sumamente complacido y al mismo tiempo es un honor escribir estas líneas de gratitud tanto para los responsables como para estos maravillosos y virtuosos jóvenes que forman tan digna agrupación musical".*

A la izquierda, los violinistas Tarumi ; a la derecha, el Dr. José Antonio Abreu, director y fundador del Sistema Nacional de las Orquestas Juveniles, Infantiles y Preescolares de Venezuela, al frente de la Orquesta Sinfónica Juvenil Nacional de Venezuela en el atrio del BID.

Haití *7 de diciembre de 1995*

***Edwidge Danticat**, escritora, autora de* Breath, Eyes, Memory *(1994) y* Krik? Krak! *(1995), candidata al Premio Nacional del Libro en 1995, ofreció la conferencia **Haití: experiencia bicultural**. Su disertación se publicó en* Encuentros, Nº 12.

Edwidge Danticat (Port-au-Prince, Haití, 1969) llegó a Estados Unidos a los 12 años y publicó sus primeros escritos en inglés dos años después. Sus cuentos se han publicado en más de 25 periódicos. Ganó el Premio Pushcart del Cuento en 1995. Su primera novela, *Breath, Eyes, Memory,* fue seleccionada por el Quality Paperback Book Club y *Krik? Krak!* figura en el Book-of-the-Month Club, por lo cual fue candidata al Premio Nacional del Libro de 1995.

Algunas de las ideas planteadas por Danticat aparecen a continuación:

"A menudo me preguntan: ¿qué se considera usted? ¿Es haitiana? ¿Haitiana-estadounidense? ¿Caribeña? ¿Afrocaribeña? ¿Afroamericana?

"La pregunta me deja con una profunda duda sobre cómo debemos clasificarnos y quién lo hace. ¿Es 'bicultural' una persona porque eso es algo que se dice de la gente en su situación o que ella misma acepta? ¿Puede ser la gente caribeña monocultural en principio, de tal forma que al agregar otra cultura pase a ser bicultural?

"¿Qué clasificación damos a esta 'cultura'? ¿Es dualidad o falta de identidad? ¿Es como el café con leche que tanto bebí cuando era niña? ¿Café y leche mezclados, en que se unen dos cosas muy diferentes para obtener otra que no se parece en nada a sus elementos constituyentes por separado, pero que no se puede dividir nunca en las entidades anteriores a la mezcla? ¿De eso se trata? ¿O es como el agua y el aceite que no se mezclan en absoluto? ¿O es como el limón y la leche en que uno daña al otro? ¿Anula lo uno a lo otro por completo? ¿Dualidad o falta de identidad?

"En Haití, la gente como yo se llama 'diáspora'. Eso quiere decir que somos miembros de la diáspora, una persona que vive en otra parte pero que todavía pertenece a la tierra y a la gente [de su país natal]. Quienes vivimos fuera del país podemos pertenecer a lo que se llama 'el décimo departamento'.

"Haití tiene nueve departamentos geográficos oficiales, que son entidades físicas reales. El décimo departamento es la diáspora de Haití en todo el mundo. No es un terreno con límites definidos. No es un estado ni un lugar específico, sino una idea y un ideal al que todos podemos pertenecer, que nos permite estar fuera y aun así ser parte del país. Al pensar en ello, esa es una enorme forma de 'inclusividad' para quienes vivimos fuera de Haití, cualquiera que sea el país del mundo donde nos encontremos ahora.

"La gente que conoce Haití me dice a menudo que nosotros, los miembros de la diáspora haitiana, mantenemos uno de los cordones umbilicales más fuertes con el país natal que jamás se hayan visto. Gente que ha vivido en Estados Unidos por 25 años o más a veces vuelve y todavía desea regresar a Haití y presentar su candidatura a un cargo público.

"Cuando me convertí en escritora y comencé a tener debates con los personajes de las historias que escribía, ellos presentaban a menudo varias cuestiones de readaptación referentes a la 'vida bicultural'. Me decían que el aspecto positivo de una vida bicultural es la exposición a dos o a muchas realidades. Se amplían las experiencias a medida que una ensombrece a la otra. Se comen plátanos con la cena de Acción de Gracias. Los proverbios de la lengua materna se asoman por el velo del inglés que uno habla. Se ve el mundo con dos ojos no siempre enfocados en el mismo punto.

"El aspecto negativo, como solían decirme, son las luchas entre muchos mundos, diferentes valores, distintas formas de supervivencia. Los personajes de mis historias también luchan a menudo con su biculturalismo. Caminan por la cuerda floja de la doble identidad y la falta de identidad. ¿Anula un lugar al otro? ¿Pueden coexistir ambos? ¿Podemos ser parte de la amalgama de culturas? ¿Qué decimos cuando se nos pregunta cómo nos clasificamos?

"En el edificio donde viví en la primavera de 1981, después de trasladarme de Haití a Estados Unidos, todos tratábamos desesperadamente de mantener un sentido de nacionalidad haitiana durante nuestra permanencia en Estados Unidos. Vivía allá un numeroso grupo de familias haitianas porque una llamaba a la otra cuando había un apartamento vacante.

"En los días de fiesta, las familias del edificio intercambiaban comidas y platos. Ciertos favores, como el cuidado de los niños, se daban por sentados.

"Cuando me molestaban en la escuela, soñaba con ese edificio y corría a casa todos los días como si fuera un salto al pasado, un salto a lo familiar, un salto a cálidos brazos que me entendían y conocían mis reacciones. Todos los ancianos del edificio eran de los nuestros y tenían los recuerdos más vívidos de quienes habían quedado atrás. Sabían de la existencia de lugares de Haití que ni siquiera los recién llegados conocíamos y por eso se les respetaba. Cuando cerraban los ojos, veían el pasado, tenían una visión del pasado profunda como un pozo. Todo lo que veía la gente de mi edad era un futuro en el que esperábamos encuadrar algún día, al que esperábamos pertenecer.

"Si sucedía algo en un día especial y yo no podía estar presente, una anciana de mi edificio decía *Map wè lombraj ou la* ('veré tu sombra allá'). Me hacía sentir como si pudiera estar con ella en algún lugar aunque mi cuerpo no estuviera allá.

"Anoche, cuando hablé con un tío que vive en Haití y que cumple años el día de Navidad, le dije que sentía mucho no poder ir para su cumpleaños o las elecciones, como era mi deseo. Me dijo que buscará mi sombra allá. Me tranquiliza saber que mi sombra pueda estar en los lugares de los que estoy físicamente ausente. Y cuando estoy allá, paso a ocupar su lugar.

"Para terminar, [deseo señalar que] mi casa en el sentido tradicional no es un lugar concreto, sino muchos, muchos lugares. Mi adaptación al emigrar a este país me permite amoldarme aún mejor a salir y vivir en cualquier lugar, si necesito hacerlo. Todos definimos nuestra diáspora, nuestra nostalgia, de una forma personal. No se trata de uno o dos lugares, ni de monoculturalismo ni de biculturalismo, sino de la mezcla, del café con leche, que preparamos con los elementos."

Estados Unidos *12 de diciembre de 1995*

***Cuarteto de Cuerdas de Manchester**, integrado por músicos de la Orquesta Sinfónica Nacional de Washington. Interpretó el* Cuarteto en do mayor, Opus 59, Nº 3 *(Rasumovsky) de Beethoven.*

Estados Unidos *17 de enero de 1996*

***Bernard McGinn**, profesor de religión de la Escuela de Teología de la Universidad de Chicago, inauguró la serie de conferencias sobre el milenio. Su charla, que incluyó un análisis histórico sobre el tema desde la perspectiva occidental, fue publicada en* Encuentros, Nº 13.

Bernard McGinn (Yonkers, Nueva York, 1937) es un experto de renombre internacional en el pensamiento apocalíptico. Es jefe de redacción de *Classics of Western Spirituality*, redactor del *Journal of Religion* e integrante de la junta editorial de Cistercian Publications, *Church History* y *The Encylopedia of World Spirituality.* Ha escrito más de 95 artículos, 100 reseñas y 11 libros, entre ellos *Visions of the End: Apocalyptic Traditions in the Middle Ages* (1979), *Apocalyptic Spirituality* (1979), *The Calabrian Abbot: Joachim of Fiore in the History of Western Thought* (1985) y *Apocalypticism in the Western Tradition* (1994).

Entre las muchas ideas que McGinn explicó cabe destacar las siguientes:

"Al acercarnos al año 2000 o 2001 de lo que ahora llamamos ecuménicamente la *era común*, de todas partes nos salen al encuentro palabras tales como 'milenio' y 'apocalipsis'. La locura del milenio, como yo la llamo, podría ser en gran medida un producto de los medios de comunicación, pero no ha faltado en ninguna era de la historia occidental para aquellos que creían que el fin de la historia —lo que la palabra 'apocalipsis' significa para la mayoría— estaba cerca. Aunque el apocalipsis evoca imágenes de pavor y destrucción en la mayoría, la historia del fenómeno más general del apocalipsismo en el cristianismo, el judaísmo y el islamismo siempre ha sido una fusión intrincada de pesimismo y optimismo, con el tema del día del juicio final en el polo pesimista y el milenio como símbolo del lado optimista.

"El apocalipsismo ha sido un elemento crucial de las tres religiones monoteístas occidentales: el judaísmo, el cristianismo y el islamismo, y ha conducido tanto a grandes actos de virtud y heroísmo como a terribles actos de persecución y terror. Además de generar abundantes escritos teológicos, ha dado lugar a algunas de las obras maestras de la literatura y el arte occidentales, como *La Divina Comedia* de Dante y el fresco del juicio final de Miguel Angel. Sea nuestro objetivo determinar su valor actual y, por qué no, inminente con una óptica negativa o positiva, es decir como un delirio peligroso o como un recurso útil para el próximo milenio, debemos ponderar el significado que el apocalipsismo ha tenido en el Viejo Mundo y en el Nuevo Mundo antes de emitir un juicio responsable sobre su valor. Al inaugurar este ciclo de conferencias sobre 'El pensamiento y la acción del milenio en América Latina' espero proponer algunas perspectivas generales para explorar los significados que el apocalipsis y el milenio han tenido en el transcurso de los siglos, a título de introducción de la pregunta sobre su valor contemporáneo.

"Debemos comenzar con algunas reflexiones de índole terminológica para expresar claramente el objeto de nuestra disquisición. Originalmente, 'apocalipsis' era un tipo de texto con revelaciones de secretos divinos que describía el reino de los cielos o que trataba del curso de la historia y el fin inminente de la era actual. Estos dos polos de la imaginación apocalíptica (el vertical, que conectaba el cielo y la Tierra, y el horizontal, que se extendía en el tiempo hasta el futuro profético) siempre han coexistido en las tradiciones apocalípticas, aunque en la actualidad tendemos a usar la palabra apocalipsismo principalmente en relación con el último componente.

"En la literatura apocalíptica creada por los judíos y adoptada por los cristianos durante los siglos que precedieron la llegada de Cristo y los siglos siguientes abundan las imágenes arcaicas tomadas del mundo de la antigua mitología del Cercano Oriente. La 'vieja historia' del conflicto entre los dioses y los poderes del mal *in illo témpore*, o sea en 'aquel tiempo' original que precedió a todos los tiempos y en el cual se formó el cosmos, revive entretejida en la 'nueva historia', la situación histórica de los judíos bajo el dominio de los poderes helenísticos y de los cristianos en una época en que la persecución romana constituía una amenaza constante, aunque no necesariamente una realidad del momento. No es necesario creer en los arquetipos de Jung para comprender que gran parte del efecto de los símbolos apocalípticos radica en su capacidad para evocar imágenes de los orígenes consagradas en tradiciones mitológicas.

"Las imágenes mitológicas que afloran en el apocalipsismo influyen en el observador al confrontar teofanías vívidas del bien supremo y del mal supremo. Su intención principal es inducir esperanza y temor en el observador, esperanza y temor suficientemente fuertes como para impulsar y sustentar una decisión religiosa que lo abarca todo. Con frecuencia se dice que la literatura apocalíptica es una literatura de consuelo, pero bien podría describirse como una literatura de decisión. Consolarse en una época de persecución con el mensaje de que la salvación definitiva está muy cerca es también un aliciente para profundizar el compromiso personal con el poder divino que traerá una salvación que trascienda la muerte.

"El apocalipsismo trata de unificar la totalidad de la historia, no sólo mediante la regla convencional de la enumeración de las edades del mundo que se encuentra en algunos apocalipsis, sino también en un plano más profundo, con su proyección de las imágenes míticas de los orígenes del orden mundial en la escena de las postrimerías, o sea la presentación de la destrucción definitiva de este cosmos y la llegada de un nuevo cielo y una nueva Tierra. Aunque podría parecer una fusión paradójica, una de las características del pensamiento apocalíptico es la forma en que altera los procesos temporales ordinarios, suspendiendo el tiempo con la creación de situaciones analógicas en las cuales el pasado se ve como presente o futuro por el mecanismo del vaticinio después del suceso (*vaticinium ex eventu*). En un despliegue de mayor audacia aún, traslada el fin de la historia e incluso la vida eterna del reino de los cielos al presente por medio de la experiencia extática o la acción litúrgica.

"En las figuras e imágenes descritas en textos apocalípticos tales como el libro de Daniel y el evangelio de San Juan se observa una paradoja análoga. A menudo son imágenes 'imposibles' en el sentido de que, paradójicamente, incitan a la representación pictórica al mismo tiempo que no la admiten. Por ejemplo, al discurrir sobre las cuatro 'criaturas vivientes' del Apocalipsis de San Juan, D. H. Lawrence, autor del primer estudio serio del simbolismo apocalíptico a pesar de su aversión por el libro de San Juan, exclamó: 'Si estas son imágenes, son imágenes que no se pueden imaginar: ¿Cómo pueden cuatro bestias estar 'llenas de ojos por delante y por detrás' y estar 'en medio del trono y alrededor del trono'? No pueden estar en un sitio y en otro al mismo tiempo. Pero así es el apocalipsis'. No obstante, la 'total falta de naturalidad' que Lawrence deploró en realidad parece ser uno de los secretos del interés que despierta el apocalipsis. No es por casualidad que el apocalipsis, además de ser la fuente de algunos de los primeros exponentes de la iconografía cristiana, siguió siendo un recurso fundamental del arte hasta el Renacimiento. Tratar de imaginar lo inimaginable es precisamente lo que da al arte apocalíptico su fuerza especial."

Perú *9 de febrero de 1996*

***Manuel Burga**, profesor de ciencias sociales de la Universidad Nacional Mayor de San Marcos, en Lima, se refirió al tema de **Milenarismos andinos: originalidad y materialidad, siglos XVI a XVIII**, acerca de los efectos de la colonización española en las poblaciones incas.* Encuentros, Nº 14.

Manuel Burga (Chepén, La Libertad, Perú, 1947), poseedor de una vasta experiencia en el campo de la investigación histórica andina, es experto en la historia de la región desde la época colonial y autor de numerosos libros, ensayos y artículos. Su libro *Nacimiento de una utopía: muerte y resurrección de los Incas* (1988) ganó el Premio nacional de historia. Otras de sus publicaciones son *Para qué aprender historia en el Perú* (1993) y *Los orígenes de nuestro atraso: ensayo de historia social y política* (1995). De 1991 a 1993 fue presidente de la Fundación Andina, y de 1989 a 1995 dirigió la Colección Grandes Estudios Andinos de Fomciencias en Lima, Perú.

El siguiente es un extracto de la disertación de Burga:

"El milenarismo andino, durante los siglos XVI y XVIII, lo encontramos encarnado en movimientos sociales, emociones artísticas, conductas cotidianas y actitudes políticas que pretendían recuperar lo propio, lo indígena, y alejarse del sistema colonial europeo. El concepto del milenarismo, utilizado originalmente para entender ciertas actitudes colectivas de la época medieval europea, que luego fue trasladado múltiples veces —generalmente por antropólogos— para estudiar situaciones similares en poblaciones no occidentales contemporáneas, puede ser adecuado en nuestro caso en tanto se trata de estudiar actitudes que buscaban —o pretendían— reinstalar el pasado como una solución para poner fin a una época de desorden, injusticia y descomposición de los tradicionales ordenamientos indígenas. Mientras el milenarismo medieval europeo provenía, por medio del trabajo de los intelectuales, de la conciencia y las expectativas campesinas populares, el andino era fundamentalmente el trabajo político e ideológico de las elites indígenas.

"Esto no constituye ninguna originalidad. Se han estudiado milenarismos similares en Africa, Oceanía, India y Brasil, donde las poblaciones conquistadas y colonizadas reaccionaban, bajo el liderazgo de sus dirigencias étnicas —en situaciones de profundo deterioro— contra la presencia de administraciones coloniales europeas. La originalidad y materialidad de los milenarismos andinos provienen de un hecho fundamental: la presencia del sistema colonial hispánico sobre una importante organización imperial indígena anterior, el *Tahuantinsuyo*. La destrucción del Estado inca convirtió a su burocracia, generalmente miembros de la nobleza cusqueña, así como a todas las noblezas indias en los Andes, en grupos subalternos, dominados y marginados del poder político construido en los Andes. Por eso los milenarismos andinos buscaban, en primer lugar, la restitución del poder para esas noblezas indias, y los miembros de estas elites impulsaron y promovieron estas emociones políticas y sociales.

"¿Cómo los incas derrotados tan fácilmente en el siglo XVI lograron recuperar prestigio, ganar legitimidad y convertirse en símbolos de resistencia y rebelión ante el dominio español en los siglos XVI y XVIII? La respuesta es aparentemente muy simple: el deterioro de la situación del indígena dentro del sistema colonial, la construcción de una nueva memoria étnica y el surgimiento de una nueva identidad devolvieron autoridad y legitimidad a las tradicionales noblezas indias, que trataron de convertir la fascinación por el pasado en un programa político y en una esperanza colectiva para la solución de un presente de angustias y dificultades. Mi exposición constará de tres partes: a) la memoria, b) la identidad, y c) las instituciones. Mi interés es mostrar que el milenarismo andino no es solamente un fenómeno de las mentalidades, sino que también tuvo una materialidad social —de intereses, convicciones, instituciones y objetos culturales— que lo expresan, lo sustentan y lo reproducen.

"Muchas veces se ha criticado a los que hablamos del milenarismo andino o de utopías movilizadoras en los Andes. Pero parece que han existido, ayer como hoy, y han servido para dar un horizonte de esperanza y originalidad a muchas poblaciones andinas. Para terminar podríamos parafrasear unas preguntas que se hace Juan Arazandi en su libro *Milenarismo vasco,* de 1982: '¿Qué es eso del milenarismo andino? ¿Simplemente la manera de dotar de esotérico encanto a una tragedia?' Quizá podría decir, para el caso específico de los Andes, que no se trata de una tragedia, sino de una angustia, una esperanza, que ayuda a los peruanos a buscar soluciones propias y a pensar aún en la posibilidad de grandes realizaciones materiales y espirituales en nuestro país."

Uruguay *20 de febrero de 1996*

***Camerata Punta del Este**, conjunto de cámara, en un programa de tango y música contemporánea rioplatense, presentado en colaboración con el programa musical de la OEA.*

Venezuela *14 de marzo de 1996*

***Carlos César Rodríguez**, profesor de la Escuela de Música Levine en Washington, interpretó a Mozart, Chopin, Granados, Albéniz y Manuel Sosa en el estreno de su obra* Oraciones para piano.*"[Rodríguez] demostró ser una dínamo, un pianista de tremenda fuerza que también es capaz de crear y sostener frases líricas y colores transparentes [...] La impresionante técnica de Rodríguez le permitió tocar con un abandono placentero, manteniendo al mismo tiempo el control de la música."* — The Washington Post, *18 de marzo 1996.*

Canadá *29 de marzo de 1996*

***Mary Louise Pratt**, profesora de lenguas y literatura comparada de la Universidad de Stanford en California y directora del Archivo Popular de la Mujer, ofreció la conferencia **Apocalipsis andina: el juicio y la condena de Tupac Amaru II**, sobre la revolución de 1780 en Perú, basada en una investigación de los archivos españoles de la época.* Encuentros, Nº 15.

Mary Louise Pratt (Listowel, Canadá, 1943) es una conocida experta en lingüística y estudios sobre feminismo, teoría postcolonial y cultura en América Latina. En 1990 fundó el Archivo Popular de la Mujer, que dirige actualmente, y es miembro del Directorio Ejecutivo del Centro de Estudios Chicanos, ambos en Stanford, California. Algunos de los libros de su autoría son *Toward a Speech Act Theory of Literary Discourse* (1977), *Amor Brujo: The Image and Culture of Love in the Andes* (1989), *Women, Culture and Politics in Latin America* (1990) e *Imperial Eyes: Travel Writing and Transculturation* (1992).

En su disertación, de la cual se reproduce un extracto, abordó los temas de las zonas de contacto entre culturas y la lucha por el poder de interpretación:

"La mayoría de los participantes en este ciclo de conferencias han puesto de relieve las bases europeas y cristianas de los conceptos de milenio y apocalipsis y han advertido que no se deben universalizar sin reparos. Por ejemplo, en lo que atañe a la historia y al presente de los pueblos indígenas, la tarea del intelectual no consiste en incorporar la historia de las Américas en narraciones europeas del milenio, sino preguntarse en qué casos esos conceptos son esclarecedores, en qué casos permiten a los pensadores efectuar observaciones y comprender lo que de lo contrario no sería evidente. Podría ser sumamente revelador, por ejemplo, examinar los puntos de intersección de los conceptos cristianos y europeos de milenio y apocalipsis con los conceptos de cataclismos memorables, fin de una era, retornos mesiánicos, catástrofes cósmicas y profecías cumplidas propios de otras sociedades. En las tradiciones indígenas de las Américas abundan los conceptos de ese tipo, y los indígenas los han usado durante los últimos quinientos años sobre todo para comprender el sentido de la invasión europea y sus secuelas. Hasta los aficionados a la cultura andina conocen el concepto del *pachakuti*, inversión cataclísmica del orden mundial. En ninguna historia de la conquista de México se pasa por alto la profecía del retorno de Quetzalcoatl, invocada para dar un sentido a la llegada de Cortés. Muchos lectores conocen los conceptos azteca y maya de los ciclos del mundo demarcados por destrucciones cataclísmicas, así como el mito andino del *inkarri*, el retorno al poder de la dinastía inca al final del milenio.

"A pesar de la vasta obra etnográfica e histórica, en mi opinión la experiencia histórica de los pueblos indígenas de este continente sigue escapando en gran medida a la comprensión de los intelectuales occidentales. Hasta nuestras indagaciones más honestas a menudo entrañan una negación de la realidad histórica y actual e insensibilidad a las consecuencias y a la imputabilidad de una experiencia histórica que ha sido apocalíptica y continúa siéndolo para tantos pueblos indígenas. Cuando los eruditos como los que participan en este ciclo presentan sus trabajos, deben hacerlo con gran humildad.

"Para los pueblos indígenas y tribales de todo el mundo, el fin de este milenio (cristiano occidental) presenta algo parecido a una encrucijada histórica. Ya no existe un ámbito fuera del sistema económico mundial, ya no se producen primeros contactos o primeros encuentros; todo eso se acabó en el curso de este siglo. La mundialización está colocando nuevas presiones sobre el espacio, la ecología y los recursos con una crueldad y celeridad sin precedentes. Muchos grupos tribales e indígenas son más vulnerables ahora que hace 25 años. Al mismo tiempo, la revolución de las comunicaciones ha dado a los pueblos indígenas y tribales nuevas formas de reclamar su representación en estos procesos, de hacer valer sus reivindicaciones y aspiraciones e incorporar sus valores y su óptica del mundo en diálogos y negociaciones, así como nuevos medios para unirse en pos de intereses comunes.

"Para los eruditos formados en el estudio de textos, no hay nada más fascinante que precisamente estos procesos de comunicación por medio de los cuales los grupos indígenas han procurado comprender el sentido de su situación histórica y defender sus intereses ante potencias imperiales deliberadamente incomprensivas. Abordaré estos procesos en el contexto de las relaciones entre europeos e indígenas en los Andes. El primer caso es un documento redactado en Perú en 1562 por una coalición de líderes indígenas, dirigido a la corona española, en el cual los líderes buscan un lenguaje con el cual reivindicar su derecho a la supervivencia cultural. El segundo caso consiste en documentos sobre la gran rebelión andina de 1780 a 1782, durante la cual, tras 200 años de dominio colonial, gran parte del sur de Perú y Bolivia se levantó en armas para derrocar el gobierno español y restablecer la dinastía inca. En vez de concentrarse en los aspectos militares de la rebelión, el análisis aborda la cuestión del significado: qué sentido dieron los rebeldes a la sublevación, que significado le atribuyeron los españoles y qué influencia tuvo ese proceso de atribución de significados en la acción y en los resultados. Partimos de la hipótesis de que, para producirse, las rebeliones deben crear un *discurso* de sí mismas. Deben imbuirse de un sentido profundo para la gente a fin de movilizar su energía y su compromiso para rechazar el statu quo y hacerle frente.

"Los rebeldes andinos dieron sentido a su empresa en varios planos. En el plano pragmático proclamaron reivindicaciones sumamente concretas con respecto al sistema colonial, especificando las costumbres que debían abolirse. Sin embargo, eso estuvo acompañado de un llamamiento general y apocalíptico a matar a todos los europeos: una invitación a una guerra racial. También entró en juego un argumento a favor de la restauración, la idea de restablecer la dinastía inca, que algunos eruditos consideran como una idea de índole protonacionalista. Por último, la rebelión tuvo una importante dimensión cósmica o religiosa: fue el momento del *pachakuti*, el cataclismo cósmico."

Bolivia *23 de abril de 1996*

Juan Albarracín Jordán**, antropólogo, investigador invitado del Centro de Estudios Avanzados de las Artes Visuales de la Galería Nacional de Arte en Washington D.C., ganador de la beca Andrew W. Mellon-Banco Interamericano de Desarrollo, disertó sobre **Imágenes del pasado precolombino en la historia boliviana del siglo XX.

La Directora del Centro Cultural da la bienvenida al antropólogo boliviano.

Uruguay

8 de mayo de 1996

***Dahd Sfeir**, actriz ganadora del premio Helen Hayes en 1996, en un espectáculo unipersonal titulado* Voces del sur, *con canciones, textos y poesía de autores latinoamericanos.*

Brasil *22 de mayo de 1996*

***Camerata Antiqua de Curitiba**, orquesta de cámara integrada por 15 cuerdas y 16 voces, dirigida por el maestro Roberto de Regina, en un programa de Handel y del compositor brasileño Luis Alvarez Pinto. Recital ofrecido al cierre del seminario sobre gestión urbana creativa realizado en el BID para realzar el éxito de Curitiba como modelo de planificación urbana.*

Estados Unidos *7 de junio de 1996*

***David Carrasco**, profesor estadounidense de historia de las religiones en la Universidad de Princeton y fundador y director del Proyecto Archivos e Investigaciones Mesoamericanos, presentó la conferencia **Cuando llegan forasteros: discurso milenario, comparación y el retorno de Quetzalcoatl**, en la cual abordó el mito del retorno de Quetzalcoatl a México-Tenochtitlán en 1519.*

Encuentros, N° 16.

David Carrasco (Bainbridge, Maryland, 1944), historiador de las religiones interesado en los temas y movimientos del milenio en la historia de América Latina, es miembro de la junta editorial de *American Indian Religions: An Interdisciplinary Journal* y jefe de redacción de *The Oxford Encyclopedia of Mesoamerican Cultures.* Entre sus libros recientes cabe señalar *Religions of Mesoamerica: Cosmovision and Ceremonial Centers* (1990), *Waiting for the Dawn: Mircea Eliade in Perspective* (rev. 1991) y *Moctezuma's Mexico: Visions of the Aztec World* (1992, con Eduardo Matos).

El siguiente es un extracto de su charla:

"Creo que fue Jorge Luis Borges que dijo en algún lugar que hay solamente dos temas sobre los cuales vale la pena escribir: la llegada de un forastero o la partida de alguien. En esta conferencia sobre la historia compleja y problemática del retorno de Quetzalcoatl, quisiera reflexionar sobre los temas del milenio de ambos tipos de narraciones, comparando lo que se sabe sobre la forma en que los mexicanos del centro de México se dice que respondieron a la llegada de los españoles y específicamente de Hernán Cortés a su territorio. Mi enfoque de los temas relacionados con el fin del mundo y lo que José Piedra llama el 'juego de la llegada' parte de tres direcciones: primero, mi trabajo sobre las fuerzas magnéticas y centrípetas de los centros ceremoniales y las ideas mesoamericanas de tipo ideal que constituían el escenario político del ejercicio de los conocimientos cosmológicos y sociales; segundo, mi estudio reciente de las ceremonias de los encuentros del colonialismo y el milenio; y tercero, mi trabajo sobre unos pocos escritores mexicanos y chicanos que usan 'la frontera' como el principal espacio simbólico de la existencia de los mexicanos que viven en Estados Unidos. Al parecer, en la historia y las religiones de América Latina, siempre llegan forasteros en forma de esclavos, polizontes, misioneros o conquistadores, atraídos hacia los relatos espeluznantes del Nuevo Mundo por las fuerzas de diásporas o ciudades magnéticas.

"Uno de los problemas más difíciles de la historia de los estudios religiosos y de la antropología se expresa en la pregunta '¿cómo piensan los nativos?' Una hojeada rápida de títulos que van desde las fórmulas clásicas de Lucien Lévy Bruhl y E. B. Tylor hasta las revisiones de Bronislaw Malinowski, Mircea Eliade y Claude Lévi-Strauss muestra que el estudio de la religión con frecuencia ha estado motivado por este problema o por lo menos dirigido al mismo. Sean los 'nativos' los pueblos indígenas del Nuevo Mundo, Australia y el resto de Oceanía, Africa o los 'demás' de culturas tradicionales, los estudios occidentales de la religión han intentado penetrar los 'mitos de los demás', su cabeza, su mente, sus ideas del mundo y su raciocinio. Charles H. Long puso de relieve recientemente la complejidad del problema en sus ensayos sobre los estudios postcoloniales. Según él, la cuestión de 'cómo piensan los nativos' forma parte de una significación grandiosa de los eruditos cuyo propósito es ceder el privilegio de la interpretación a los intelectuales occidentales. Según Long, la formación del pensamiento de la Ilustración estuvo profundamente involucrada en las conquistas y el colonialismo de las culturas europeas de las cuales surgieron nuevas teorías raciales, formas de genocidio y estrategias inauditas de explotación humana. La combinación de los métodos y las epistemologías de la Ilustración con la apertura de un Nuevo Mundo llevó no tanto a una mejor comprensión de los 'demás' sino más bien a estrategias intelectuales que 'allanaron el camino para el pensamiento evolucionario histórico, teorías raciales y formas de simbolismo del color con los cuales la conquista económica y militar de distintos pueblos y culturas estuviera justificada y fuera defendible. En este movimiento se recrearon la religión, las culturas y los pueblos de todo el mundo por medio de disciplinas académicas: se les atribuyó un significado'.

"En un ciclo reciente de reflexiones sobre estos temas he adoptado un enfoque diferente del milenio azteca y del retorno de Quetzalcoatl. Recordando la afirmación de Borges de que había solamente dos temas de los cuales valía la pena escribir —la llegada de un forastero o la partida de alguien— me impresionó la fuerza del *lugar y el espacio* en ambas leyendas. En una, los forasteros errantes encuentran un centro nuevo, mientras que en la otra el hijo pródigo se va, pero la categoría del lugar es lo que también importa. Mi trabajo sobre centros ceremoniales y capitales me llevó a percatarme de que el sentido de lugar de los aztecas, el lugar social y simbólico, nunca está ubicado exclusivamente en el espacio, sino que siempre está *en el tiempo*. Los lugares en el tiempo, lugares como Tenochtitlán y el palacio de Moctezuma, pero también las cartas de Cortés, que también son un 'lugar', pueden entenderse solamente en relación con el tiempo, especialmente al reflexionar sobre la forma en que los aztecas concebían los ritmos del tiempo en su universo, que siempre abarcaba por lo menos tres clases de tiempo. Como ha demostrado tan brillantemente Alfredo López Austin, el cosmos de los aztecas era un entrelazamiento del tiempo de la era primordial, antes que los dioses actuaran, el tiempo de las aventuras de los dioses y el tiempo humano. Cada momento *del tiempo humano* estaba impregnado por las influencias de las aventuras de los dioses, de modo que nunca se producía un acontecimiento histórico simple y unidimensional. Una forma de encarar el mito del retorno de Quetzalcoatl es preguntarse: ¿Qué sentido tenían los aztecas de su lugar en el tiempo? ¿Qué pensaban de los orígenes del tiempo, los ciclos, el retorno y el fin? En mi opinión, esta es la clave para comprender el milenio de los aztecas. Escribiendo en otra área cultural, el antropólogo Stanley Tambiah ha mostrado cómo el tiempo sagrado, especialmente el de los mitos y las estructuras míticas, influye constantemente en el sentido que tiene una cultura de su lugar en el tiempo. Hablando de cosmologías, señaló que ellas 'casi siempre, y las clasificaciones con frecuencia, tienden a ser consideradas como sistemas duraderos de cosas y personas, en tanto que sus premisas básicas y su ordenamiento inicial se considera que existen fuera del flujo de los acontecimientos y las expectativas corrientes y cotidianos o como motivadoras y generadoras hasta cierto punto de los fenómenos cotidianos superficiales de la época actual'. En mi opinión, las tradiciones prehispánicas relacionadas con Quetzalcoatl y los mitos cósmicos de mayor alcance eran uno de esos sistemas duraderos de cosas y personas que contribuyeron a la interpretación de los fenómenos cotidianos, incluida la llegada de los españoles, durante el encuentro y mucho después."

Chile *13 de junio de 1996*

***Angel Parra**, compositor e intérprete popular, en un programa titulado* Cantando y conversando, *que incluyó obras propias, de su madre, Violeta Parra, y de Víctor Jara.*

Argentina *16 de julio de 1996*

***Rodolfo Machado**, arquitecto y diseñador urbano argentino radicado en Estados Unidos, ganador de varios premios, de la firma de renombre internacional Machado and Silvetti Associates, Inc., de Boston, y profesor de arquitectura y diseño urbano en la Escuela de Posgrado de Diseño Urbano de la Universidad de Harvard, dio una charla sobre **El diseño de lugares públicos en la actualidad**. Se refirió a varias de sus obras, entre ellas Dewey Square en Boston y Battery Park City en Nueva York.*

Brasil *13 de setiembre de 1996*

Roberto DaMatta*, antropólogo y profesor de antropología de la Universidad de Notre Dame (Indiana), presentó la conferencia* ***El mesianismo en Brasil: notas de un antropólogo social****, sobre las bases socioantropológicas del mesianismo y los movimientos mesiánicos en la experiencia histórica y cultural de Brasil.* Encuentros, N° 17.

Roberto DaMatta (Niterói, Rio de Janeiro, Brasil, 1939) es experto en la cultura popular de Brasil, miembro de la junta editorial de Notre Dame University Press y de la junta asesora de *Luso-Brazilian Review*. Entre sus obras más recientes se encuentran *Costa de Mentiroso: Sete Ensaios de Antropologia Brasileira* (1993) y *Torre de Babel: Ensaios, Crônicas, Críticas, Interpretações e Fantasias* (1995).

Se transcribe un extracto de su disertación:

"En el contexto de la vida social en el Brasil, hablar de mesianismo causa el mismo desasosiego que la conocida expresión ritual **'Você sabe com quem está falando?'** ('¿Usted sabe con quién está hablando?'), que se suele utilizar cuando se hace valer un privilegio social en un contexto anónimo ante alguna ley abstracta y universal. En efecto, igual que la frase '¿Usted sabe con quién está hablando?', el mesianismo entraña un intento de imponer una distinción radical entre grupos sociales porque encierra ideas profundamente arraigadas, y a menudo reprimidas, acerca de los privilegios y las distinciones religiosas y sociales.

"La asociación del Brasil con el mesianismo es difícil, pues uno se siente inmediatamente obligado a preguntar: ¿Cómo puede ser que la sociedad tropical que inventó el carnaval y el *malandro*, un sistema al que repugnan las medidas extremas, tiene un genio cordial y está siempre dispuesto a contemporizar, cómo puede el Brasil estar asociado con un movimiento social tan extremo e intransigente como el mesianismo milenario?

"En el caso del Brasil, el mesianismo forma parte del lado oscuro de una sociedad profundamente apegada tanto a la jerarquía como a la igualdad. Al igual que Doña Flor, la heroína de Jorge Amado, el sistema ha decidido tener dos maridos y ha decidido que no ha de decidir, para lo cual ha creado un espacio separado en la sociedad, distante de la lógica del sentido común que nos obliga a responder ante cada problema únicamente con un 'sí' o 'no'. En el panorama sociológico del Brasil, el mesianismo no puede separarse de la condición humana porque forma parte intrínseca de nuestra vida.

"El mesianismo, al igual que la locura, la perversión, la deshonestidad y las candidaturas presidenciales, es como quien llega a un lugar sin haber sido invitado y está dispuesto a robarse la película y a hacernos pensar en nuestra profunda ignorancia de nosotros mismos como entes sociales. Al igual que la frase, bien conocida pero poco estudiada, '¿Usted sabe con quién está hablando?', el mesianismo y sus cohortes institucionales (el milenarismo, el liderazgo carismático y el enfoque de la vida que propone soluciones mágicas y milagrosas para problemas sociales fundamentales) no parecen ser simples exoticidades que se pueda desacreditar fácilmente mediante leyes o debates calvinistas y rituales en un foro público, ni que el ejército del país o los agentes de policía puedan reprimir; más bien, el mesianismo ha de ser entendido como un tipo de código social olvidado, pero ciertamente fundamental.

"De hecho, al estudiar las colectividades tribales, tradicionales o modernas, nos encontramos con que hay una serie de opciones arbitrarias que rodean prácticamente todos los ámbitos de la vida social, desde la organización social de la familia y el parentesco, frecuentemente dominada por una figura patriarcal, hasta las relaciones laborales, en las cuales la predominancia queda racionalizada en virtud de la superioridad axiomática del dueño. Basta dar una rápida mirada a las industrias de la publicidad y el espectáculo (con sus mitos, sus objetos parlantes y sus productos milenarios que durarán para siempre) y quedamos inmediatamente inmersos en principios mágico-mesiánicos fundamentales en que la fealdad y la torpeza de la vida cotidiana son reemplazadas por la belleza y una profunda armonía. Al dar a los productos de consumo masivo nombres y asociaciones positivas, estos empiezan a crear elegancia, encanto, *glamour*, elementos que les permiten convertirse en productos humanos indispensables. ¿Qué es la publicidad, sino una compleja pieza de mesianismo carismático que nos dice que consumamos uno u otro producto porque es mágico e indispensable?

"El mismo conjunto de ideas rodea nuestra vida política y el establecimiento de los modernos Estados-nación. En el fondo de la historia de cada país lo que vemos es una fusión de hechos empíricos y fantasías colectivas en la que estructuramos leyendas de 'próceres', 'conquistadores extranjeros' o 'descubrimientos' casuales. Encontramos movimientos mesiánicos de los pobres y oprimidos y también de los ricos, algunos que propugnan el cambio, otros que lo resisten, algunos que proponen la hermandad universal, otros que son nacionalistas. Algunos movimientos constituyen una reacción contra las autoridades o las leyes, otros son progresistas y orientados al futuro. En todo caso, su rasgo distintivo ha sido siempre la búsqueda de coherencia, la obsesión con una estrecha serie de principios morales, religiosos y mágicos, un reordenamiento del mundo. Esto es lo que hace atractivos a esos movimientos y esto es lo que los mata.

"El Brasil ha sido escenario de muchos movimientos mesiánicos, tantos, que he propuesto considerar el mesianismo parte fundamental de la cultura del país. De hecho, el historiador Robert M. Levine, en su reciente obra sobre el movimiento mesiánico de los Canudos *Vale of Tears: Revisiting Canudos Massacre in Northeastern Brazil, 1893-1897* (1992) menciona siete 'movimientos mesiánicos', relativamente bien documentados, que tuvieron lugar en el Brasil entre 1800 y 1936, y la socióloga Maria Isaura Pereira de Queiróz, en su obra clásica *O Messianismo no Brasil e no Mundo* (1965) no sólo dice que a partir del siglo XVI había en Portugal 'creencias sebastianistas' imposibles de evaluar, sino que menciona además otros diecinueve 'movimientos mesiánicos', ocho de los cuales están bien documentados.

"Ahora bien, si se amplía la imagen del mesianismo, más allá de definiciones y movimientos estrechos, uno pronto se da cuenta de que hay muchos ámbitos de la vida social del Brasil dominados por lo que podemos calificar de 'etología mesiánica'. Algunos están tan omnipresentes en la vida diaria del país que, a primera vista, no parecen mesiánicos para nada. Estoy hablando de la religión popular, pero también de la política, en la que líderes carismáticos y las masas que los siguen a ojos cerrados forman y mantienen movimientos populistas.

"En el marco de la sociología, los movimientos mesiánicos clásicos, como el de los Canudos, podrían estudiarse junto con los espiritistas y los grupos *umbanda* porque pueden quedar clasificados en la misma matriz estructural. Así, cada iglesia, cada *Candomblé* y cada Centro Espiritista puede enfocarse en un continuo, junto con los hitos de los movimientos mesiánicos del Brasil tales como las viejas creencias sebastianistas que cristalizó el zapatero Bandarra en el siglo XVI, quien vaticinó la llegada de un gran príncipe, el *Encoberto*, que restituiría a Portugal su antiguo lugar de líder entre las naciones del mundo.

"Desde esa perspectiva, el Brasil puede ser estudiado junto con la India, en el sentido de que sus ámbitos religiosos están marcados por la presencia de credos omnipresentes (el budismo y el Islam en la India, y el catolicismo y el protestantismo en el Brasil), pero que pueden todos quedar confundidos y disueltos en diversas sectas organizadas en torno a lazos personales y carismáticos. La dinámica religiosa de esas sociedades oscila entre un centro religioso y ritual y una serie de poderosas alternativas marginales, basadas todas en la etología de la renuncia que abre una puerta de escape a las determinaciones y los imperativos de la sociedad."

Estados Unidos *24 de setiembre de 1996*

Barbara Mujica, profesora de castellano y directora del grupo teatral "El Retablo" de la Universidad de Georgetown, presentó la conferencia ***El trabajo de las mujeres latinoamericanas: mitos y realidades en la literatura contemporánea****, sobre la erosión del mito de que las mujeres hispanoamericanas no trabajan.*

Alemania *1 de octubre de 1996*

Duo Sonare*, integrado por los guitarristas clásicos y profesores de música Thomas Offermann (derecha) y Jens Wagner. Ejecutaron obras de Mozart y Giuliani, así como piezas de Albéniz, Frank Zappa y Piazzolla.*

Estados Unidos *4 de noviembre de 1996*

***Robert Aubry Davis**, musicólogo y figura destacada de la radio y la televisión en Washington, habló sobre la ópera **Il Guarany**, del compositor brasileño Antonio Carlos Gomes, con la cual se inauguró la temporada de la ópera de Washington en el Kennedy Center en 1996.*

México *6 de noviembre de 1996*

***Cuarteto Latinoamericano**, conjunto de cuerdas de la Universidad Carnegie Mellon que ha grabado el repertorio más importante para cuartetos de cuerda de compositores latinoamericanos. La primera mitad del programa estuvo dedicada a los compositores mexicanos Márquez, Revueltas, Alvarez y Montiel. En la segunda mitad interpretaron piezas de Miguel del Aguila y Anton Bruckner.*

Argentina *15 de noviembre de 1996*

***Juan E. Corradi**, argentino, profesor de sociología en la Universidad de Nueva York, sobre **El milenio de los pueblos: el legado del peronismo.** Se refirió a los aspectos del populismo en el milenio y a la influencia de Juan y Evita Perón.* Encuentros, Nº 18.

Juan E. Corradi (Buenos Aires, Argentina, 1943) es profesor de sociología en la Universidad de Nueva York desde 1971, donde de 1974 a 1977 fue Director del Centro de Estudios de Latinoamérica y el Caribe (CLACS). Actualmente es miembro de la junta directiva de Rainforest Alliance, vicepresidente de la Iniciativa de Desarrollo Norte-Sur y consultor del Programa de las Naciones Unidas para el Desarrollo . Entre sus publicaciones cabe señalar *Fear at the Edge: State Terror and Resistance in Latin America* (con P.W. Fagan y M.A. Garreton), Berkeley: University of California Press, 1992; y *The Fitful Republic: Economy, Society, and Politics in Argentina*, Boulder: Westview Press, 1985.

Como parte de su conferencia, dijo lo siguiente:

"Si el milenarismo es el anuncio del final de una era, la predicción de una catástrofe, la promesa de un arreglo de cuentas y la llegada de la redención, todo ello en boca de líderes proféticos que aparecen en tiempos difíciles y de excepción, buena parte del legado del peronismo es en realidad milenario.

"La presencia física de Juan y Eva Perón dominó la política y revolucionó la sociedad de la Argentina desde 1943 hasta los años cincuenta. Su ausencia física (ella murió en 1952 y él pasó dieciocho años en el exilio a partir de 1955) siguió dominando la política de la Argentina hasta mediados de los años setenta. Durante tres decenios, Perón fue en la práctica el árbitro (el *magister ludi*) de todos y cada uno de los arreglos políticos. Durante más de cuatro decenios, la sociedad construida por el peronismo, aunque no era viable, se negó a desaparecer. Lo que el gran historiador argentino Tulio Halperín Donghi llamó 'la larga agonía' de la Argentina peronista duró hasta la hiperinflación de 1989 y, paradójicamente, el regreso al poder del peronismo en ese año, tras la celebración de elecciones, dio a esa sociedad su golpe de gracia.

"Es en vano buscar indicios de fanatismo o frenesí milenarista en un líder militar a quien lo que más le preocupaba eran el orden y la obediencia. Las ideas de Perón no obedecían en realidad, como dijo otro gran historiador argentino, José Luis Romero, a 'una ideología de estado mayor'. Perón no se veía como un Mesías sino como un político inteligente que siempre se las arreglaba para quedar por encima de la política. Adoptó como suya la máxima de Napoleón Bonaparte: 'Los principios están bien, porque no obligan a uno a nada'.

"Perón presidió la segunda ola más grande de democratización en la Argentina moderna. Sin embargo, no hizo de la democracia la fuente de su legitimación como gobernante. Su legitimidad tenía como base su convicción, que compartían sus numerosos seguidores, de que poseía una habilidad innata e inefable, y por tanto irreemplazable, para interpretar y conducir a lo que él y Eva llamaban 'la gran masa del pueblo'. La democracia no constituía más que un medio, entre otros, para llegar al poder y, lo que es más importante, la confirmación *ex post facto* de su superioridad carismática. Esta concepción de la fuente y la justificación del poder tenía sus raíces en los caudillos y hombres fuertes del siglo XIX y tal vez tuviera también orígenes más remotos en España. Su antecedente inmediato fue el liderazgo igualmente carismático del primer caudillo de la democratización, Hipólito Yrigoyen, quien construyó una máquina política moderna e invencible, al tiempo de estar imbuido de un sentido extrademocrático de una misión de redención, un sentido tan profundo de estar en lo cierto que hizo que, en su juventud, promoviera gran número de golpes, revoluciones y conspiraciones cuando eran útiles para sus objetivos.

"Nos encontramos aquí con una importante paradoja de la política argentina y latinoamericana. La democracia puede ser patrocinada, promovida y ampliada dentro de una cultura no democrática. Se puede dar al pueblo una voz, incluso una voz poderosa, junto con derechos civiles, políticos y económicos, siempre que esa voz esté astutamente orquestada como un coro. Los teóricos y los críticos de la democracia en el siglo XIX no previeron esta inquietante posibilidad. Alexis de Tocqueville, en su premonición de 'la tiranía de la mayoría', seguía viendo un gobierno del pueblo y para el pueblo, inspirado en la experiencia de la república estadounidense. La idea, más oscura, de que la democracia moderna puede convertirse en una técnica de manipulación de masas (como dijo Jorge Luis Borges, 'un abuso de la estadística') apareció recién a principios del siglo XX en la mente lúcida del sociólogo alemán Max Weber, que se refirió claramente a los peligros de una 'democracia por plebiscito con un Führer'. En el siglo XX, la tiranía de la mayoría se convertiría en la movilización de la mayoría al servicio de la tiranía. Las democracias por plebiscito y con un líder no tienen como base los partidos políticos, sino los movimientos sociales. En esos sistemas, la democracia no es la fuente del principio de la legitimación y, por ello, no existe la capacidad para respetar a los opositores.

"Una democracia subordinada al carisma está sujeta a la inestabilidad del carisma como forma de autoridad. La inestabilidad de la autoridad carismática, especialmente en comparación con otras formas de autoridad (tradicional o legal), tiene varias razones. En primer lugar, el carisma no se presta muy bien a la institucionalización, vale decir, no se puede reproducir, conferir ni heredar con algún grado de confianza o fiabilidad. En segundo lugar, el carisma deslegitima otras formas de autoridad. Aparece como una ruptura con la tradición, porque confina las viejas prácticas al papelero de la historia y corroe la autoridad legal-racional de la democracia moderna al negarse a ver en ella algo más que un instrumento de seducción y un instrumento de confirmación de la propia superioridad. En tercer lugar, los movimientos carismáticos lo abarcan todo y, como resultado, no dan cabida legítima a la oposición. En cuarto y último lugar, los líderes carismáticos consideran peligroso el conflicto y confunden conflicto y violencia. Por lo tanto, entran fácilmente en un ciclo de provocación y castigo. Cuando el conflicto parece una amenaza, se desencadena la violencia. Esta afirmación confirma el viejo teorema sociológico de W.P. Thomas, que decía que 'cuando el hombre califica cosas de reales, se convierten en reales en sus consecuencias'. Los regímenes carismáticos, en lugar de adoptar e institucionalizar el conflicto, tienden a negarlo y suelen convertirlo en una forma clandestina de violencia. El conflicto se convierte en un secreto sórdido y en una guerra sucia entre facciones en sombra.

"Juan y Eva Perón construyeron una vez un sistema de ayuda social. El peronismo lo ha destruido. El movimiento que los llevó a la cúspide del poder y llenó las plazas y calles de Buenos Aires de masas frenéticas de enfermeras, mecánicos y trabajadores de frigoríficos llenos de esperanzas no es más que un eco lejano de una era de fragmentación y comunicación mediatizada. El peronismo sobrevive como mito flexible y como cultura popular un tanto confusa.

"El legado de Juan y Eva Perón persiste hoy no en la sociedad, porque el edificio institucional que construyeron se ha derrumbado, sino en las malas costumbres de la política, incluso en un régimen democrático. Hay otra parte más positiva de su legado que espera una reivindicación. Se trata del legado de justicia social. El peronismo podría revivir y convertirse en un partido moderno si patrocinara no sólo una economía moderna sino también una sociedad justa, única condición que haría sostenible el desarrollo económico. Un nuevo compromiso con una sociedad abierta indicaría que se ha desembarazado de los últimos restos del viejo milenarismo y asume las obligaciones del verdadero milenio que está por comenzar."

Barbados *6 de diciembre de 1996*

***Kamau Brathwaite**, historiador, poeta y director del Instituto de Estudios Caribeños en Jamaica, en una lectura comentada de su obra poética.*

Estados Unidos *10 de diciembre de 1996*

***Amadeus Trio**, trío de cámara de Nueva York formado por los músicos galardonados Jeffrey Solow, Marian Hahn y Timothy Baker, en un programa de Brahms, Schubert y Mendelssohn.*

Actividades especiales

Talleres

Julio de 1993
Jesús Díaz Caballero, crítico peruano, taller de apreciación literaria, en dos partes.

Agosto de 1993
Alberto Bravo de Rueda, taller literario sobre redacción de cuentos cortos, en tres partes.

Julio de 1994
Taller de apreciación de la ópera, en tres partes, sobre *La Traviata* de Verdi, con la musicóloga de la Universidad Católica **Mary Diquinzio**, ilustrada con la versión fílmica de Franco Zeffirelli.

Febrero de 1995
Taller de apreciación de la ópera, en dos partes, sobre *Carmen* de Bizet, con la musicóloga de la Universidad Católica **Denise Gallo**.

Julio de 1995
Taller de apreciación de la ópera, con la musicóloga Denise Gallo, sobre *Don Giovanni* de Mozart, en dos partes.

Agosto-noviembre de 1995
Serie de talleres de apreciación de la música clásica, en seis partes, con las musicólogas Mary DiQuinzio y Denise Gallo, sobre la historia de la música occidental y del canto medieval hasta el siglo XX.

Agosto de 1996
Cuentistas latinoamericanos del siglo XX, taller en cuatro partes, con Melissa Simmermeyer y Miguel Cardinale, estudiantes de doctorado en la Universidad de Georgetown que presentaron un análisis literario de cuatro cuentos de Juan Rulfo, María Luisa Bombal, Gabriel García Márquez y Julio Cortázar.

Cine

Mayo de 1994
Coauspicio del **Festival de cine sobre el medio ambiente**, con la proyección de las películas *Atlantic Rain Forest, In Good Hands* y *Between Two Futures*, de Haroldo Castro, con comentarios del Dr. James Nations de **Conservation International.**

Abril de 1995
Festival de cine de las Américas en Jerusalén, en ocasión de la 36ª Asamblea Anual de Gobernadores del BID. Se presentaron ocho películas producidas en Argentina, Brasil, Colombia, México, Perú, Uruguay y Estados Unidos, en las Cinematecas de Jerusalén y Tel Aviv.

Programa de estímulo y promoción cultural

A la derecha, mural realizado colectivamente en Georgetown (Guyana) por los participantes de un taller realizado en la universidad nacional, cuyo objetivo fue la producción de materiales artísticos con materias primas disponibles localmente. Abajo, "Mirando hacia el futuro", pieza producida por un concursante infantil en el III Festival de la Talla en Piedra (Barichara, Colombia), el cual busca preservar esta antigua tradición entre una nueva generación de jóvenes aprendices.

Este Programa, de reciente creación entre las actividades regulares del Centro Cultural, está destinado a apoyar, estimular y promover las manifestaciones culturales a nivel local, apoyar la formación y perfeccionamiento artístico de la juventud Latinoamericana y del Caribe, apoyar las actividades de centros de desarrollo cultural que comuniquen y difundan experiencias institucionales dignas de ser aprovechadas local o regionalmente, y difundir obras y manifestaciones en todos los campos de las artes o áreas de expresión cultural en los países.

Cada año, una vez analizadas las propuestas que son sometidas por los países, un comité especializado del Centro selecciona las iniciativas culturales que patrocinará. Las propuestas son evaluadas teniendo en cuenta la diversidad disciplinaria de las artes, su viabilidad, la necesidad dentro del medio, el alcance educativo y formativo, la utilización razonable de los recursos y los beneficios a largo plazo para un amplio sector de la sociedad.

Desde su creación en 1994, los veintiún proyectos beneficiados han cubierto un amplio espectro cultural que incluye los campos de la literatura, bellas artes, música, cine, historia del arte, museología, teatro, danza, artesanía y desarrollo artístico de la juventud.

El Banco Interamericano de Desarrollo

Enrique V. Iglesias
Presidente

Nancy Birdsall
Vicepresidenta Ejecutiva

Muni Figueres
Asesora de Relaciones Externas

Elena M. Suárez
Coordinadora, Programas Especiales

El Centro Cultural

Ana María Coronel de Rodríguez
Directora

Félix Angel
Curador
Programa de Artes Visuales

Anne Vena
Coordinadora de Conciertos y Conferencias

Elba Agusti Rosas
Lourdes Herrell
Asistentes Administrativas

se agradece el aporte de

Alexander Miller Figueroa (1992-1995†)
María Isabel Prieto (1992-1993)
Sylvie Raguer (1995)
Stephanie Sttit-Fitzpatrick (1996)